図説
アメリカ大統領

マイケル・ケリガン
Michael Kerrigan
高尾菜つこ
Natsuko Takao

権力と欲望の230年史

AMERICAN PRESIDENTS:
A DARK HISTORY

原書房

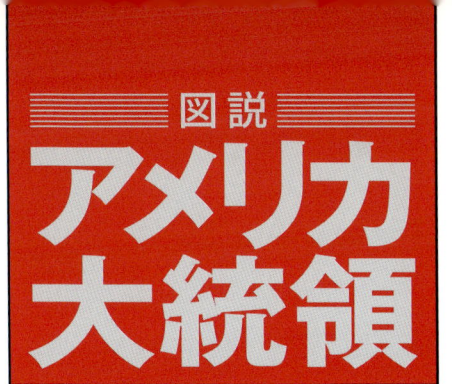

図説

アメリカ大統領

権力と欲望の230年史

◆目次◆

序文

1983年7月1日、ニューヨークシティーはうだるような夏の暑さに包まれていた。工場や商店、会社で働く者たちは汗だくの仕事にぼやいていたが、金や地位のある者たちはすでに海辺のリゾートへ避難していた。大統領のグローヴァー・クリーヴランドも、6月末までは重要な国事に縛られていたが、ようやく北部のマサチューセッツへと旅立つところだった。だが、その旅は何か変だった——バザーズ湾までの航海には、親友の准将エリアス・C・ベネディクトが所有するヨット「オナイダ号」が使われた。

まばゆいばかりの太陽がロングアイランド湾の波をきらきらと輝かせ、爽やかなそよ風が一行を歓迎するように吹きわたり、クルージングには絶好の天気に恵まれた。75トンの蒸気ヨットはシュッシュッと音を立て、穏やかな海を東へと順調に進んだ。オナイダ号が広々とした大西洋に出て、くるりと北へ向きを変えたとき、海はやや波立つ気配を見せたものの、バザーズ湾の入り江は湖のように穏やかだった。

これはアメリカのいかにも優雅な光景ではないだろうか。実際、そう思わせることが狙いであり、説得力があったのも確かだ。混乱に多忙をきわめていたクリーヴランドは、私的な休暇をとっていた。大統領のこのヴァカンスについての報道は、彼の余裕と自信を象徴し、クリーヴランド政権が万事にうまく対処していることを印象づけた。

もう少し好奇心旺盛な記者ならば、なぜ大統領が陸軍長官のダニエル・S・ラモントをこの休暇旅行に同行させるのかを不思議に思ったかもしれないが、当時、旅の詳細は外部に漏れないように配慮されていた。実際、オナイダ号の乗船者に優秀な外科医や内科医、歯科医などの一団が含まれていることを知ったら、記者たちはもっと興味をいだいただろう。しかし、大統領の招待客リストは秘密にされていた。巨大な燃料タンクと見慣れない装置が積み込まれた船で、いったいどんな「休暇クルーズ」が始まるのだろうか。だが、それらはすべて極秘のうちに持ち込まれ、誰も質問する者はいなかった。ただ、ベネディクトのヨットは、この「クルーズ」のために船体の色を塗り替えられており、それもこの事態にいっそうの疑惑をもたらした。

オナイダ号が錨を上げると、医療チームはにわかに忙しくなった。クリーヴランドは椅子に縛りつけられ、安定を得るために船のメインマストに固定された。熟練した歯科医が亜酸化窒素とエーテルの麻酔を施すと、すぐにクリーヴランドの意識は遠のいた。外科医のジョゼフ・ブライアントは大統領の口をこじ開け、顎に手を伸ばした。医師団をひどく

他のすべてのアメリカ大統領がそうであるように、グローヴァー・クリーヴランドもまた、人間であると同時に組織の象徴だった。前者は肉体的・精神的な弱さをもつが、後者はそれを隠す必要がある。2つの立場のこうした違いこそ、本書のテーマにほかならない。

前ページ：純白のホワイトハウス。その優雅なたたずまいとパラディオ式の均整美により、ペンシルヴェニア通り1600番地にあるこの建物は、アメリカの理念の清らかさを象徴している。しかし、このまばゆいばかりの壁の向こう側では、邪悪な行為が繰り返されてきた。

大統領とそのスタッフにとって手術は大成功だった。もっとも、彼らに関するかぎり、それは医学的な意味での成功というより、報道操作の意味での成功だった。

心配させていた問題の腫瘍は、針で探ると予想以上に大きいことがわかった。そこでブライアントは英断を下し、結果として患者の硬口蓋と上顎のほとんどを切除した。続く手術で、歯科矯正医が失った部分を補うゴム材をぴったり合わせて挿入した。それは非常によく機能し、大統領のスピーチは以前よりもむしろ明瞭になった。

一方、記者たちはなぜ大統領がバザーズ湾で下船した後、すぐに話すことをあれほど嫌がるのか不思議に思った。だが、彼らは大統領が歯痛の治療を受けたという当局の説明を信じ込んでいた。大統領とそのスタッフにとって手術は大成功だった。もっとも、彼らに関するかぎり、それは医学的な意味での成功というより、報道操作の意味での成功だった。

アメリカ大統領は２つの存在を兼ねている――１つは１人の男性（いずれ女性の大統領が現れるのは間違いない）、もう１つは組織の象徴である。前者は肉体的・精神的な弱さをもつが、後者にそれは許されない。その違いを巧みに隠すことこそが、225年前に誕生したアメリカ大統領という仕事の大部分なのである。

序章

大統領職の誕生

アメリカの大統領ほど強大な影響力をもつ役職はほかにない。だが、その想像を絶するような権力には、同じく想像を絶するような責任がともなう。大統領を支える多くの人びとが、国家の理想主義の期待に重圧を感じるのは無理もない。

左：イギリスの「陽気な王様」チャールズ２世は、劇場のオレンジ売りだったという悪名高いネル・グウィンと出会い、彼女を愛人にした。清教徒だったアメリカの建国者たちは、そんな旧世界の露骨な退廃を軽蔑した。

「アメリカ国民は（中略）どんなことでも可能なアメリカをまだ信じている」

そもそもアメリカは現実の国家である前に1つの理想だった。建国の父たちはヴィジョンをもち、それを実現した。大西洋の向こうの旧世界では、国王の宮廷からローマ教皇庁まで、すべての権力機構が慢性的に腐敗していた。もちろん、それは彼らの理想とは正反対のものだった。フランスのルネ・デカルトのような哲学者やイギリスのアイザック・ニュートンのような科学者たちは、啓蒙時代の先駆者だった。彼らの洞察力は宇宙を理解するための新たな道を開いた。人びとはもはや無知のまま抑圧されている必要もなければ、貧困の鎖につながれている必要もなかった——人類には運命を決する特別な力があった。

知識は人間を自由にすることができると啓蒙思想家たちは考えた。理性は抑圧された者たちの救いになれた。ヨーロッパの専制君主たちは、こうした新しい発展が目に入らないどころか、それらを嫌というほど目にし、理解していた。だが、彼らは自分たちの特権や権力を手放したくなかった。また、そうしたヨーロッパの王たちと親密な関係にあったカトリック教会の指導者たちも同じだった。彼らは新しい知識とそれにともなう自由の精神を抑圧しようと必死だった。その結果、彼らはなかなかの「業績」を残し、多くの人びとを抑圧と迷信に陥れた。

父たちと信仰

ベンジャミン・フランクリンやトマス・ジェファーソン、ジョン・アダムズやアレグザンダー・ハミルトンのような者たちは、第1にまず思想家であり、建国の父は第2の顔にすぎなかった。合衆国をつくるという彼らの大志とは、自分たちが新国家の指導者になることではなく、耐えがたいイギリスの支配を打破し、この世に啓蒙主義の統治を実現させることだった。実際、彼らのほとんどは宗教を信じていなかった——あるいは少なくとも、それが国家の運営に役立つとは思っていなかった。ヨーロッパに目をやれば、枢機卿たちが愛人とたわむれ、司祭たちがラテン語で農民をだまし、その貧困と抑圧を正当化している現実があった。そのため、建国の父たちの中の数少ない信者でさえ、アメリカ憲法の世俗主義にはおおいに賛成だった——いかに高潔なものであろうと、誰も他者に信仰を押しつけてはならない。

とはいえ、それは容易なことではなかった。新たな共和国は、公には非宗教的国家だったかもしれないが、市民レベルでは（今と同じく当時も）広く宗教的な性質があった。実際、最初の入植者たちの多くは清教徒で、彼らはイングランドの英国国教会当局や、ヨーロッパ各地の公認国教会による迫害を逃れてきた敬虔なプロテスタントだった。彼らにとって、新世界はプロテスタントとしての信仰が守られる聖域であり、ここでの生活は単なる移住ではなく、精神的再生にほかならなかった。一方、アメリカの主要な知識人たちの多くは不可知論者で、それまで受け継いできたキリスト教の信仰を捨てていた。ただ、彼らの関心は宗教を撲滅することではなく、宗教の自由を掲げることだった。彼らが世俗主義者だったのは、宗教の根絶を望んだからではなく、

１つの支配的な教会や活動が他者の権利を踏みにじるのを望まなかったからである。

アメリカに向けられる目

だが、実際に世俗主義が浸透する見込みは薄かった。結局、人びとは建国の父たちよりも神を畏れ敬った。たしかに、「代表なき課税の撤廃」をめぐってイギリスとの間に緊張

プロテスタントの伝道者にやや誇張表現があったとしても、教皇の腐敗は明らかだった。教皇アレクサンデル６世の不品行は、聖ペトロの継承者としてのあるべき地位を愚弄するものだった。

ジョン・ウィンスロップの「山の上の町」の理念は、何世紀にもわたってアメリカ人の心を鼓舞してきた。そこにはウィンスロップの名をまったく知らないか、彼の宗教的信条を共有したことのない何百万という人びとも含まれている。

が生じたとき、入植者たちは軍隊への召集に応じたかもしれないが、それは何世代も前からわきあがっていた彼らの宗教的怒りによるものだった。もし彼らがアメリカを遠い地と感じていたとすれば、それは大西洋によって地理的な意味で旧世界から切り離されていたからではなく、道徳的・精神的な意味で新たな方向へ進んでいると実感していたからだろう。彼らは堕落した旧社会とは異なる新社会の建設に没頭し、その実現を強く信じていた。もちろん、入植者の間に不良ややくざ者がいなかったわけではない。ひとりひとりを比べても、とくに優秀な者がいたわけでもないだろう。ただ、彼らはそれぞれ弱い部分をもちながらも、こうあるべきだという道徳的目的において強く結びついていた。彼らはアメリ

合衆国をつくるという彼らの大志とは、自分たちが新国家の指導者になることではなく、耐えがたいイギリスの支配を打破することだった。

カを他のどの国とも違う国家にするという決意と、そのための道筋を示すという自負をもっていた。

最初に「山の上の町」という考えを表明したのは、プロテスタントの伝道者ジョン・ウィンスロップだった。いうまでもなく、この表現はキリストの山上の説教に由来するものだ（マタイによる福音書第５章13−16節）。イエスは全世界が彼らの生き方を見ていると弟子たちを戒めた。「山の上の町」はひときわ誇り高いとイエスは指摘したが、その一方で、ひときわ不名誉となる恐れもあった——そこに住む人びとの行ないは世界中の目にさらされるからだ。それは全人類にとっての模範であり、彼らの行ないや罪はただちに裁かれる。おそらく、建国の父たちはウィンスロップの存在さえ知らなかっただろう。彼の著作が広く流通するようになったのは、19世紀に入ってずいぶんたってからだった。今日のわれわれにとって印象的なのは、建国の父たちがウィンスロップの教えをすべて受け入れたわけではないものの、彼の強い自意識、自分と自分の小さな社会が全世界から注目されているという考えを共有したことである。彼らはその壮大な計画において、アメリカを外部の厳しい目にさらし、旧弊なヨーロッパよりも優れた社会であることを証明しなければならないと感じていた。

その気概はそれから何世紀にもわたって受け継がれ、ウィンスロップの言葉はすでに決まり文句のようになってはいるが、今なおアメリカの人びとの精神を鼓舞する力をもっている。ただ、それは愛国者の大きな誇りの源であった一方、つねに不安と恥辱をもたらす原因でもあっただろう——人間が道徳的完全を果たすことは難しいからだ。それでも、アメリカはつねにこうした緊張感をもち、指導者は人びとの模範として傑出した存在でなければならないと思ってきた。

人間が道徳的完全を果たすことは難しい。それでも、アメリカはつねにこうした緊張感をもち、指導者は人びとの模範として傑出した存在でなければならないと思ってきた。

道徳的基準の問題

だが、これは非常にめずらしいケースであることを忘れないでほしい。ほとんどどの時代、どの国においても、人びとはたいてい指導者をもっと懐疑的に、あるいは寛大に見てきた。どんなに立派なフランスの政治家でも、少なくとも１人は愛人がいるという考えは偏見かもしれないが、それがしばしば事実であることは歴史が証明している。さらに、金融腐敗が特徴的な国々では、不正が「常識」の範囲内で黙認されてきた。

ローマ帝国もまた、みずから権力の指針とはなっても、道徳の指針とはなろうとしなかった。ただ、宮廷の退廃ぶりが伝説的だった一方で、ローマの軍隊は最後の最後まで軍人の美徳を守り通した。同じことが中世から近世のヨーロッパの王たちにもあてはまった。彼らの不品行は多かれ少なかれ予想がついたが、重要なのはその統治の権威だった。実際、イギリス国王チャールズ２世にどれだけ愛人がいようと、それを気にする者はなく、人びとはこの「陽気な王様」のたわむれをただ笑

って見ていた。ローマ教皇庁にしても、たしかに聖ペトロの継承者は高い道徳的基準をもつとされていたが、実際、そこはあらゆる面で「堕落した」世界だった。そもそもアダムとイヴが禁断の果実を食べたときから、人間はみな罪人にほかならなかった。したがって、人間は懸命に努力すべきではあったが、もし失敗しても許されるべき存在だった。

政治家に多くを期待することで、アメリカは本当に「向上」するのだろうか。これは非常に難しい問題である。われわれは自分たちの決めた道徳的基準によって彼らを裁くべきなのか、それとも現実（多くの人びとがその基準を満たせていないという事実）を受け入れるべきなのか。アメリカの政治に深く根づいているらしい偽善をあざ笑うのは簡単だが、本当にモラルの乱れを認めてしまっていいのだろうか。

いうまでもなく、政治家がその影響力を売り物にしたり、税金を使って私腹を肥やしたりしないように期待するのは、われわれにとって当然のことであるべきだ。それでも、彼らはわれわれのことなど気にせず、好きなようにやるのだが…。

大統領のあらゆる権限

大統領の権力は絶大だ。それは合衆国がまだ誕生したばかりの頃からそうだった。民主的に選ばれた大統領には、1787年の憲法により、莫大な権限が与えられた。憲法は、議会を通過した法案に対する事実上の拒否権を大統領に与えた。原則として（しばしば実際

ピルグリム・ファーザーズは、腐敗したヨーロッパの旧世界とは違う、真新しい道徳的社会をつくるという明確な宗教的野心をもってやって来た。

問題として）、それは選挙で選ばれた他の公務員たちが同意した法律を、同じく選挙で選ばれた１人の公務員が握りつぶせることを意味する（ただ、民主政治とは妥協の連続にほかならない）。また、大統領は司法の重要ポストを任命することができ、つねにその説明責任をともなうものの、州議会の発言を封じる広範囲な権限ももっている。さらに、大統領は国家安全保障にかかわると判断した場合、連邦議会に情報を伝えないこともできる。理論上、宣戦布告権は議会にあるが、連邦議会が戦争を宣言したのはアメリカ史上、５回に

破廉恥な乱交パーティーのおかげで、ローマ帝国は堕落と退廃の代名詞となった。ユウェナリスやセネカのような作家たちは、支配者の派手な消費や道徳のゆるみを酷評した。

すぎない。大統領は必要に応じて軍隊を派遣する権限をもち、実際に議会の許可なしに120回以上もこれを行使した。つまり、アメリカ大統領はその与えられた権限により、多大な利益をもたらす地位でもあり、当然ながら、逆に多大な損害をもたらす地位でもある。

一方、アメリカ大統領は道徳的責任も相応に重大である。いくつかの点で、それは不当

怪しい予言者

ジョン・ウィンスロップは「アメリカ共和国」の精神を他の誰よりも明確に示したが、彼には――その歴史に残る端的な表現は別として――模範的人物としての限界がある。第1に、彼の掲げる平等主義は「アメリカン・ドリーム」と相容れない。彼は成功をおさめた信者たちに対して、より立派な家を建てたり、より豊かな生活をしたりすることを考える前に、仲間の幸福に気を配るべきだと主張した。要するに、共同体は個人よりも優先されなければならないということであり、これは今日の多くのアメリカ人にとって社会主義的に聞こえるだろう。だが、彼は階級の違いは残されるべきだとも考え、特権階級は民衆を導くために生まれたと述べた。また、彼はそうした自分の考えには神聖な裏づけがあると主張した――旧約聖書の王たちは当然の権利として国を支配したのであり、王と王妃は両親の象徴であって、いかなる世俗の権力も、「あなたの父母を敬え」[聖書（出エジプト記第20章12節）より訳文引用]という戒律に明らかに反すると指摘した。それでも曖昧さが残った場合にそなえて、ウィンスロップは反論の理由をさらに詳しく説明した――「民主主義は（中略）すべての政治形態の中でもっとも卑劣なものある」

に重い責任といえるかもしれない。アメリカの政治を論じるとき、われわれは原則として大統領の「人間」と「役職」を区別して話すが、実際にこの区別を維持することは難しい。堕落した枢機卿でも、高位聖職者として公の立場で仕えるときには緋色の衣を着たが、愛

アメリカの政治を論じるとき、われわれは原則として大統領の「人間」と「役職」を区別して話すが、実際にこの区別を維持することは難しい。

人とたわむれるときにはそれを脱いだ（と思われる）。また、ヨーロッパの王の権威も絶対的だったが、それは王冠と王笏があってのもので、これらを脇に置けば、王はただの男にすぎなかった（非常に裕福で特権的な男ではあったが）。しかし、バラク・オバマ——ジョージ・ワシントンでも同じ——の場合、1人の男性としての彼も、政治家としての彼も、アメリカでは同じ人間として見られるのである。

こうした状況は昔からあった。アメリカ大統領は、非凡であると同時に平凡でなければならないという不可能な綱渡りを強いられる。本書の写真がそれを明確に示している。アメリカ大統領は——もし大学から名誉学位でも授与されないかぎり——礼服を着ない。彼はまさに重要人物でありながら、同年代の何百万人もの中流階級のアメリカ人と同じように、背広姿でわれわれの前に立つ。そして、しばしば「ファーストレディー」とともにポーズをとるが、彼女もまた世間一般のホステス役の女性たちと同様、エレガントな装いを

右：架空の戦争——アメリカはベトナムでの戦闘行為を正式に認めなかったが、その事実を知ったアメリカ（とベトナム）の何千人もの遺族は驚いたに違いない。

セックスは無関係？

われわれはそもそも性的スキャンダルについて気をもむ必要があるのだろうか。われわれが選ぶのはこの国を統治する代表者であって、彼らの性欲ではない。彼らの務めは国事を誠実かつ効率的に果たすことであり、その配偶者や家族に対する務めはわれわれには関係ない。ヨーロッパの国々では、それが一般的な前提となっており、アメリカ人はもっと「世慣れた」態度をとるべきだと言う人もいる。いったいわれわれは誰を裁くつもりなのだろうか。われわれの大半はそんな誘惑に遭遇することもないが、もし遭遇したら、ほとんどがそれに屈してしまうだろう。

一方、これとは反対の意見もある。多くの人びとは宗教的理由からこうした不貞に憤慨するが、彼らの不安にはもっと実際的な理由もある。われわれは公私をそれほど完全に区別することができるだろうか。自分の欲しいものを手に入れるため、家族に意図的・計画的に嘘をつける人間は、国家財政や法律制度に従事するには不向きである。もし何か他に欲しいものを見つけ、嘘をつくことでしかそれを手に入れられないとしたらどうするだろう。歴史的に見て、おそらく自分に都合の良い解釈をするはずだ。もちろん、ビル・クリントンの「聞かざる・言わざる」政策はヨーロッパの考え方に影響されたもので、人びとはそもそも何が重要なのかをよく知っている（とされている）。彼らが本当にそれを選んだのなら問題ないが、やはり多くのアメリカ人は偽善の慣行化には不信感を示すだろう。

ジョージ・H・W・ブッシュ元大統領の息子ジョージ・W・ブッシュは、無能な役立たずと揶揄されることが多かった。だが、彼は自分のその無能さを知るだけの頭はあったようで、周囲を父親の古くからの相談役で固めた。

心がけながらも、明らかに「政界の」ホステス役を意識している。こうした「アメリカ式の」政治スタイルは、最近のイギリスの選挙にももち込まれ、党首が大統領のように前面に押し出されている。その要因の1つが、指導者の妻をめぐるメディアの報道合戦である。アメリカの大統領のテレビ討論では、（ヨーロッパ人が違和感をいだくほど）やたらと候補者の家庭的側面がアピールされる。

アメリカ大統領とは、ビール好きの平凡な男でありながら、核の引き金に指をかけている最高司令官でもあり、野球と通商条約の話を同じように容易にできる男なのである。そして、他の何よりも国を優先すると思わせる一方で、同じく他の何よりも家族を優先するとも思わせなければならない男（いずれは女）なのである。

左：妻ミシェルとここに写っているバラク・オバマは、理想主義と楽観主義の波にのって政権の座に就いた。彼は2008年末に大統領に選ばれたが、例によって、政治不信の再発は時間の問題だったようだ。

縁故と汚職

アメリカの政治制度が他の多くの民主主義国の制度と異なるもう1つの伝統が、大統領の個人的な任命権である。他の国々では選挙で選ばれた議員やキャリア公務員、経験豊富

ロビイストは政府に特定の利益団体の関心事を伝えるうえで重要な役割を果たす。しかし、そこにはつねに不正の恐れがあり、民主主義が大企業のおもちゃにされる危険がともなう。

な専門家らが就くはずのポストに、アメリカでは大統領の信頼する友人や相談相手が任命される。当然、それには利点もある一方で、不正をまねく恐れもある。

公務員は自分のやり方に固執しがちで、たとえ大統領や有権者が変化を望んでも、これまで十分に試された方法しか認めないという頑なな傾向がある。だが同時に、彼らは仕事に対する高い経験値をもち、明確な階層組織の中で自分の仕事と判断が厳しく監視されることを知っている。国家そのものに対する忠誠心も強く、それは当面の上司となった者への恩義を超えるほどだ。大統領候補のほとんどは自分がワシントンDCという異界の「部外者」であることを喧伝するが、この首都が近寄りがたい奇妙な場所であることは確かだ。世界でもっとも孤独な役職に就いた人物が、自分の周囲を信頼できる者たちで固めたいと思うのは当然だが、多くの場合、彼らは大統領に便宜を期待する。そうした縁故主義が、しだいにアメリカ大統領制の欠点の1つになってきたことは明らかである。

発言権の買収

プロのロビイストの台頭は、現代のアメリカ政治における憂鬱な傾向の1つだが、その設立の理念はこれ以上ないほど民主的なものだった——すべてのアメリカ人は連邦政府に自分の関心事を伝える権利がある。実際、そ

右：1929年、元内務長官のアルバート・フォールが法廷を出る様子。彼は収賄容疑で有罪となり、懲役1年と10万ドル（現在の128万ドル）の罰金を言い渡された。

れがもっとも効率的な方法だろう。最初のロビイスト組織は、19世紀の鉄道の発展とともに生まれた。金と権力をもつ鉄道王たちは計画のために政府の助成金を望み、自分たちは国の経済と公益に貢献していると主張した。ロビイストは政府要人に取り入る術をよく心得ていたため、彼らにこの仕事をまかせるのは理にかなっていた。やがて、他のロビイスト組織も輸入繊維に対する報復関税、安全規制や環境規制の緩和などを働きかけるようになった。

こうしてロビー活動は数十億ドル規模の産業となった。評論家はそれが特定の利益団体による法律の「買収」につながると批判している。たしかに、彼らは公然とではないものの、有力者に無料の旅行や贅沢な贈り物を貢ぐことで、われわれを支配している法律に大きな影響を与えることができる。ジョージ・W・ブッシュ政権下では、100人以上の元ロビイストが政府の監督ポストに任命されたといわれ、彼らはかつてロビイストとして雇われていた産業の活動を逆に取り締まる立場になった。オバマ大統領は政権からロビイストを一掃すると宣言したが、それは厳しい監視の目に耐えるものではない。

そもそもロビー活動の悩ましいところは、それが正義のための戦いでもあることだ。トルーマン大統領はこれについて率直に語った。

ロビイストのジャック・エーブラモフとマイケル・スキャンロンは、依頼人への法外な超過請求と政治家への贈賄によって何百万ドルもの大金を稼いだ。それはおもに2人に議会との交渉役を求めた先住アメリカ人社会から出された金だった。

記者から政府の計画のために働いているロビイストに反対するかと聞かれて、彼はこう答えた——「おそらく、われわれはそうした者たちをロビイストとは呼ばない。われわれは彼らを公共の利益のために働く市民と呼ぶだろう」

セックスと政治

「権力は偉大な媚薬である」というヘンリー・キッシンジャーの言葉に反論する者はほとんどいないだろう。それは権力をもつ者にも、その性的な相手となる者にも作用する。われわれが職場で目にするような状況は、ホワイトハウスでも起きている。そもそも権力者には魅力があり、人の心を強く動かす力がある。大統領との密会を1つの勝利と考える女性もいるようだが、もしセックスが競争だとすれば、それも当然だろう。大統領執務室のソファーを権力への一番の早道と考える女性もいれば、正当に評価されていないと思う男を恋愛によって「救済している」と感じる女性もいる。

「私はあの女性との間に性的関係はない」とビル・クリントンは主張したが、モニカ・ルインスキーは同意しなかった。訴訟ではこの実習生が所有していた精液つきのドレスが決定的証拠となったが、大統領は1998年の弾劾手続きは切り抜けた。

そうした場合、大統領にまったく罪はないとはいわないが、女性の方もこうした特別な権力に弱すぎる。もちろん、世界を動かすような男は女性も自分の言いなりにできると考えがちだが、彼の魅力はその役職がもたらすものであって、本来ならそなわっていなかったかもしれない。ただ、そうはいっても、現実に魅力があるのは確かだ。成功した政治家はたいてい生まれながらに魅力的で、相手を惑わし、意のままにするのに長けた色魔である。その点、アメリカ大統領が成功した政治家のきわめつけであることは明らかだ。自分

自分に反感をもつ多くの有権者を巧みに取り込むことを生涯の仕事としてきた者は、狙った性的獲物にお預けをくらうことはない。

に反感をもつ多くの有権者を巧みに取り込むことを生涯の仕事としてきた者は、狙った性的獲物にお預けをくらうことはない——それが相当強い意志をもつ女性でないかぎり。

ちなみに、この獲物は男性の場合もある。歴代のアメリカ大統領はいずれも男だったが、大統領の恋人には同性も数人いた。「口にできない愛」というオスカー・ワイルドの有名な言葉があるが、そうした愛が大統領の公式記録では極秘にされてきたものの、いくつか存在したのは確かなようだ。ただ、偏見の歴史には注意が必要だ。19世紀では、その後の時代よりも同性愛がよりオープンにされていた。彼らはベッドをともにするようなことに対してもずっと鷹揚だった。この場合、誰かが「ゲイ」とか「ホモ」とかいったことを話すのは、そうした概念が存在しなかった時代にはどこまで安全だったかという疑問がある。

一方、そうした小難しい問題を利用して、われわれに目の前の現実を見えなくさせようとしていることに、今日の同性愛活動家たちがいらだっているのも理解できる。独身のジェームズ・ブキャナンが、フランクリン・ピアースの元副大統領ウィリアム・ルーファス・キングと15年にわたって共同生活をしていた事実は、彼が「ゲイ」だったことの決定的証拠となるのだろうか。もちろん、そうはならないが、いくらかの疑惑をまねくのは確かだ。もしブキャナンでは少々地味というのなら、ジョージ・ワシントンやエーブラハム・リンカーンについてはどうだろう。彼らの場合も証拠は状況的なものだが、同性愛の噂は根強く、今後も消えることはないだろう。

暗い歴史に気落ちは無用

こうした数々の誘惑を考えると、ホワイトハウスが罪深い大統領によって「ブラックハウス」にされなかったのは驚きである。しかし、その優雅な官邸でいくつかの不品行があったのは確かだ。真実はときに汚らわしく、権力の乱用と汚職はアメリカの伝統でもある。しかし、そこで悲観的になったり、過度に落ち込んだりする必要はない。もし「山の上の町」がしばしば栄華をきわめた悪の大都市になったとしても、みずからの限界を知ることはわれわれにとって良いことであり、本書で繰り広げられるショーを楽しむためにもなる。というのも、アメリカ大統領の歴史はわれわれが想像する以上に邪悪なものである一方、われわれが考える以上に多彩なものでもあるからだ。

第1章
建国の父――奴隷所有者と姦通者

アメリカはその歴史が進むにつれて、長所だけでなく、短所も現しはじめた。栄光の一方で、そこには麻薬や不貞といった悪事もあった。建国の父たちは偉大な人物ではあったが、意外な欠点ももっていた。

左：1812年、ワシントンが炎上し、イギリスの侵略軍がホワイトハウスに迫るなか、ドリー・マディソンは独立宣言書を持ち出した。彼女はアメリカの初代大統領ジョージ・ワシントン（上）の有名な肖像画も救った。

「自由とは、ひとたび根づきはじめると、急速に成長する植物である」

アメリカの最初の４人の大統領は、いずれも1776年の独立宣言の署名者だった。合衆国は文字どおり、彼らなしには存在しなかった。彼らは偉大な人物であり、それを疑う者は１人もいない。しかし、どんなに偉大な人物にも欠点はあるもので、ジョージ・ワシントン、ジョン・アダムズ、トマス・ジェファーソン、そしてジェームズ・マディソンも例外ではなかった。当時のすさまじい混乱に道徳の混乱がくわわれば、誘惑の魔の手がいかに大きかったかは明らかである――前例のない状況下、彼らは手探りで前進していた。

結局のところ、アメリカは近代最初の革命をとげたばかりであり、そうした激動の後では、国が落ち着くまでに時間がかかる。（幸いなことに、建国の父たちの過ちは、1793年から94年にかけての恐怖政治で４万人もの命を奪ったフランス革命の過ちと比べれば、大したものではなかった）。今日、愛国的な絵画に描かれた彼らの姿は、気高い決意で結ばれた一団のようにいわれるが、それは結果論にすぎない。彼らが勇敢な革命の同志であったことは確かだが、それでも多くの制限や対立をのり越えなければならなかった。生まれ育った環境が異なる彼らには、さまざまな意見の相違や相容れない野心があり、仲間の態度をつねに理解し合っていたわけではなかった。問題は山積みだった。

左：ラシュモア山の彫刻と同じようにごつごつした顔をもつアメリカの初代大統領は、当時のこの版画では高潔そのもののように見える。残念ながら、いくつかの点で現実はこの理想像に及ばない。

右：薔薇を片手に、いたずらっぽい目つきをするサリー・フェアファックスの肖像。その顔、その姿、その人柄はワシントンの心を虜にしたようだが、実際、２人の関係に一時の熱愛以上のものがどれほどあったかはわからない。

自分の地所の刈り入れの様子を見ながら、（白人の）作男と話すジョージ・ワシントン。この牧歌的な風景を見ると、黒人の労働者がすべて奴隷であること、そして彼が建国に尽力した民主主義国がじつは人種差別と抑圧に深く根づいていたことをつい忘れてしまう。

しかし、まだほんの弱小国にすぎなかったアメリカには、すでに超大国の運命が感じられた。

ジョージ・ワシントン（在任1789－1797年）

ジョージ・ワシントンが英雄であることは間違いない。それゆえ、彼の欠点をいくつか検証したとしても害はないだろう。むしろ彼の経歴に必ずしも評判の良くない部分があることは好都合だ。ワシントンはスターリンやチンギス・ハンのように恐ろしい人物だったわけではないし、建国者の名誉に値するかどうかについての深い疑問もない。ただ、残念ながら、彼の名声にはそうした人物にあまりふさわしくない汚点が残されている。

これは彼が子ども時代に父親の大切にしていた桜の木を切ってしまったという有名な「桜の木事件」よりもずっと深刻だ。歴史家によれば、この件に関して彼が無実であることはほぼ間違いない。1800年にワシントンの伝記を書いたメーソン・ウィームズは、本にちょっとした彩りと道徳的教訓を加えるために、この作り話を考え出したらしい。もちろん、それはとても印象深いエピソードであり、事実だったとしてもおかしくない［桜の木を切ってしまったワシントンは、正直にそれを話したことでかえってほめられた］

しかし、６歳のときには嘘をつけなかった

私は金銭的報酬のためにこの困難な仕事を受ける気になったわけではない。したがって、そこからいっさいの利益を得ることを望まない。

われわれも、成長するにつれて簡単に嘘をつくようになる。それは嘘が他者を惑わすためのより新しい、より巧妙な方法だと気づくからでもある。もちろん、大統領のワシントンが立ち上がり、民衆やその代表者たちに嘘ばかり言っていたとは思えない。だが、彼には今でいう「品格の問題」がつきまとっていた。

水増し問題

1777年、植民地軍はブランデーワインでの失敗とそれに続くフォージ渓谷での悲惨な冬の後、最終的敗北へと近づきつつあった。しかし、そうした危機をのり越えたワシントンは、やがて「平時において一番」、そして「同胞たちの心において一番」の存在となり、合衆国初代大統領の大本命となった。だが、「戦時において一番」というのは確かだとしても、彼は支出の申請において一番である必要があったのだろうか。大陸軍の指揮官を無給で引き受けたという彼の献身的な姿勢を考えると、疑問はいっそう深まる。「私は金銭的報酬のためにこの困難な仕事を受ける気になったわけではない。したがって、そこからいっさいの利益を得ることを望まない」と彼は議会に断言し、おおいに感謝された。

議会は彼らが巻き込まれようとしている事態に少しも気づいていなかった。ワシントンは勇猛果敢な戦士でもあったが、とんでもない規模の浪費家でもあった。しかし、議会も国家の守護者に出し惜しみをするわけにはいかなかった——彼の誕生日には楽団をさしむけ、しゃれた革の書簡入れでも贈ったのだろうか。ワシントンは欲しいものを何でも手に入れた。そして議会はそれを黙認しなければならなかった。彼は指揮官だった1775年から1783年までの8年間に、約45万ドル（現在の940万ドル）を個人的支出として申請した。それは18世紀当時では途方もない金額だった。

しかも、彼は浪費家だったばかりか、その申請のほとんどに記録を残さなかった。なかには一度に何万ドルという出費もあった。ワシントンは「雑費」といった曖昧な表現を駆使したり、ちょっとした美術品に「等」を加えたりした。そのほか、友人への「貸付」のための請求もあったが、それが返済されたことはなかった。ワシントンは国の金を使って支持者の面倒を見ていたのだろうか。それとも私腹を肥やしていたのだろうか。残念ながら、後者の結論が避けがたいといえる。彼は鞍に800ドル（現在の2万3000ドル）も費やしたとされている。

彼の欲深さは果てしなく、金銭欲ばかりか、食欲もすさまじかった。いかなる状況にあっても、この共和国軍の指揮官は（あえていうなら）つねに王のような食事を要求した。フォージ渓谷での冬、何千人もの兵士がまさに飢えに苦しんでいるとき、彼は牛肉や子牛肉、鳩肉、鶏肉、牡蠣など、ありとあらゆる料理を楽しみ、それを最高級の輸入ワインで流し込んだ。

ワシントンが節度を欠いていたのは確かだ。だが、彼の行動は完全に矛盾していたわけで

一難去ってまた一難？

ワシントンがイギリスといかに激しく勇敢に戦ったかを考えると、彼が——一部の反対派が主張するように——じつはイギリス寄りだったというのは信じがたい。しかし、彼は共和主義の理想に傾倒していたわけではなく、アメリカに君主制を確立することさえ計画していたとする者もいる。自分の重要性を過剰なほど認識していたのも明らかで、高額出費請求事件がその証拠である。彼は自分が大統領であることをきわめて重く受けとめており、訪問客にも自分のいる前ではずっと起立していることを求めた。また、彼は多くの人びとが共和制らしくないと感じるような仰々しい就任式を行なった。「われわれはジョージ３世の代わりにジョージ１世を迎えたのか」と、ある上院議員は人混みの中で隣人にささやいた。

もなかったようで、彼なりに誠実だったことも事実である。彼は将軍としての任務に打ち込み、部下たちの士気を維持するために休みなく働いた。ただ、指揮官としての自分の幸福がもっとも重要であるという考え方を文字どおりに解釈していたらしい。つまり、指揮官の幸福が最終的には軍隊の幸福につながるというわけだ。

驚くことではないが、その戦争が終結し、彼が国の大統領になることを求められたとき、ワシントンは引き続き「無給」で仕えることを申し出た。同じく驚くことではないが、議会はその申し出を黙って退け、代わりに２万5000ドル（現在の52万ドル）の俸給を彼に与えた。相当な金額ではあったが、戦争中の「無料奉仕」による大出費に比べれば安いものだった。

フォージ渓谷での冬、何千人もの兵士がまさに飢えに苦しんでいるとき、彼は牛肉や子牛肉、鳩肉、鶏肉、牡蠣など、ありとあらゆる料理を楽しんだ。

結婚とマーサ

マーサ・ダンドリッジ・カスティスがはじめてワシントンの目にとまったとき、彼女は20代の未亡人だった。だが、この未来の大統領の目あては彼女の財産だったようだ。マーサは亡くなった夫ダニエル・パーク・カスティスから、広大な土地の所有権とヴァージニア州ニューケント郡にあるホワイトハウス農園の奴隷たちを相続していた。だが、その一方で、ワシントンはサリー・フェアファックスという女性と恋仲にあったらしく、彼は彼女に（曖昧ながらも）ロマンティックな手紙を書き、その中で自分を「愛の信奉者」と称していた。地元の噂では２人が肉体関係をもったことは明らかだったが、現代の歴史家の多くはこれに懐疑的である。単なるゴシップ好きの憶測にすぎなかったのか、それとも疑り深い学者たちが建国の父の名誉を守ろうとしているのか。結局、われわれは自分の勘に頼るしかなさそうだ。

ワシントンが彼女の何に惹かれたかはさておき、彼は1759年にマーサと結婚し、その30年後、彼女は初代ファーストレディーとなった。愛情深い妻、そして忠実な伴侶として、彼女が軍人の夫とともに従軍したことは賞賛に値する――だが、先に記したように、ワシントンとその参謀たちの戦場での待遇はけっして質素なものではなかった。

われわれをさらに動揺させるような別の噂もある。それは後の財務長官アレグザンダー・ハミルトンがワシントンの息子だったというものだ。彼は1755年（あるいは1757年）に西インド諸島のネヴィス島で生まれた。彼の父親とされるジェームズ・ハミルトンと、母親のレーチェル・フォーセット・ラヴィエンは、どちらもその島の裕福な大農園主の一族の出身だった。あえていうなら、ワシントンがこの時期にネヴィス島にいたと信じる根拠はない。彼が病気療養中だった兄のローレンスに付き添ってバルバドスにいたことは事実だが、これはさらに数年も前のことだったし、ネヴィス島とは579キロも離れている。

ただ、（またしても多くの憶測を呼びそうだが）若きアレグザンダーがワシントンの参謀に加わったとき、将軍が彼を「息子のように」愛していると言ったのは事実だ。なかには2人が同性愛の関係にあったとする者さえおり、こちらの方が少なくとも親子説よりは可能性が高い。

彼女は夫の心において一番だっただろうか。マーサ・ダンドリッジ・カスティスはアメリカの初代ファーストレディーとなったかもしれないが、ワシントンの愛情においては、残念ながらサリー・フェアファックスが一番で、彼女は二番手だったとする歴史家もいる。

人格的にどんな問題があろうと、ワシントンの勇気と才覚は疑いようのないものだった。彼は1754年から1763年にかけてのフレンチ・インディアン戦争で、勇敢な若き指揮官として軍事的名声を確立した。

敵とベッドをともにした？

1776年、ワシントンの護衛の１人だったトマス・ヒッキーがニューヨークで逮捕された。彼は王党派で、指揮官の誘拐を共謀していたとされた。ところが、調査の過程で、ワシントンが夜遅く、いつも変装してハドソン川近くのある家を訪ねていたことを裏づける証人が次々と見つかった。じつは将軍にはメアリー・ギボンズという愛人がいたようで、彼は彼女を「寵愛」し、そこで「非常に優雅な生活をさせていた」。しかし、モラルの問題よりもっと衝撃的だったのは、ワシントンが眠っている間にメアリーが彼の書類を読み、とくに関心のある項目を写し取ってイギリスに売っていたという自白だった。ヒッキーは絞首刑になったが、この陰謀（もし本当に陰謀だったとすれば）の全容はいっさい明らかにされなかった。ワシントンは本当に王党派の女スパイに引っかかったのだろうか。それとも、この話はイギリスを支持する政敵が広めた中傷にすぎなかったのだろうか。

フランスとの関係

アメリカ独立戦争が世界に与えた影響はまさに強烈だった。それは1789年のフランス革命の直接的誘因になったとされている。しかし、革命は相関関係にあり、結果的にはアメリカが最初にその抑圧者を攻撃したものの、反体制的な扇動行為はフランスでかなり前からうずまいていた。アメリカにその機会が訪れたとき、フランスの急進派は慎重に事態を見守っていたが、その自由への戦いに加わるために大西洋を渡った者たちもいた。なかでも有名なのがラファイエット侯爵ジルベール・デュ・モティエで、貴族だった彼は信じられないような有力な人脈をもっていた。実

独立戦争で欠くことのできない側近だったアレグザンダー・ハミルトンは、ワシントン大統領の財務長官を務めることになった。彼にはその恩師の恋人だったとか、あるいはその非嫡出の息子だったとかいう噂もある。

マリファナと大麻

ジョージ・ワシントンはマリファナを吸ったのだろうか。じつは彼が吸ったと考えるだけの正当な理由がある。当時、マリファナを吸うことは今日のような不名誉をともなわなかった。また、その葉がマリファナの原料となる大麻草は、アメリカ南部の各地で栽培されていた。栽培自体も容易で、繊維性の茎はロープや織物や紙などを作るのに役立った。1765年に書かれた有名な日記帳によれば、ワシントンは雄株と雌株を切り離すタイミングを逸したと残念がっていた——というのも、吸引に使えるのは雌株だけだからである。

フォン・シュトイベン男爵ほど立派に大陸軍を鍛え上げ、その将校たちに戦術を叩き込んだ者はいなかった。軍人だった彼は男らしい人物で、最近では同性愛者だったともいわれている。

際、彼が最初に植民地での紛争の話を聞いたのは、国王ジョージ３世の弟との晩餐の席だった。

侯爵の参加に感銘を受けた議会は彼に少将の位を与え、ジョージ・ワシントンを補佐する副官として戦地へ派遣した。そこにはこの大抜擢がフランスへのメッセージとなり、彼らの軍事支援を得られるかもしれないという期待があったようだ。たしかに、それはさほど甘い考えでもなかった。というのは、たとえフランスの君主政府が革命による抵抗を促すことにあまり関心がなかったとしても、彼らには宿敵のイギリスが出し抜かれるのを見たいという明確な動機があったからだ。実際、ラファイエットの個人的な外交手腕のおかげで、彼が1777年春に母国へ一時帰国している間、フランスは最終的に支援に応じた。

愛と愛着

戦争の危険と興奮の中では、男同士の絆が急激に形成されるのかもしれない。その魅惑的なフランスの侯爵とアメリカの将軍はすぐに親友となった。ワシントンはこの友人に自分の「愛と愛着」についてうんざりするほど手紙を書き、彼がフランスへ戻らなければならなくなると落胆し、再会したときには感動の涙を流した。彼らの愛は肉体的な愛へと発展したのだろうか。その記録は非常に曖昧で、歴史家たちは何世代にもわたってこれを疑ってきたが、彼らはただ「現実から目をそらしていた」のかもしれない。

今では同性愛の学者たちの多くがそう考えている。彼らによれば、当時、男性同士の性的関係はほとんど見過ごされていたという。たとえば、ワシントンの参謀総長で、プロイセン出身のフォン・シュトイベン男爵は一度も結婚せず、自分の財産を長年の戦闘を通じて親しくなった2人の若い側近に残した。現在、彼らの関係が性的なものであったことを疑う者はほとんどいない。

ジョン・アダムズ（在任1797－1801年）

ジョージ・ワシントンが自動的に大統領の地位を与えられた一方で、ジョン・アダムズは選挙で選ばれた最初のアメリカ大統領だった。しかし、彼がこの歴史的名誉の重要性を真に認めていたことを示すものはほとんどない。理論的には民主主義に傾倒していたものの、当時のアメリカの政治的エリートを形成

XYZ事件を描いたこの風刺画によれば、外交経験が未熟な合衆国はフランスの交渉人にたちうちできなかったようだ。アメリカは賄賂に大金を費やす余裕はほとんどなかったが、本格的な戦争を行なう余裕はもっとなかった。

連邦党《フェデラリスト》と民主共和党《リパブリカン》

「左派」や「右派」という現代の概念は、独立から数十年間のアメリカの政治を理解する場合、その価値が限られる。実際、今日の観点からいえば、民主共和党《リパブリカン》は――非常に急進的な――左派だった。彼らの指導者であり英雄だったトマス・ジェファーソンは、筋金入りの啓蒙主義者であり、フランス型の革命論者だった。彼によれば、君主政治や貴族政治の原則は撤廃されるべきであり、宗教はけっして国の干渉を受けず、政治もまた教会の干渉を受けるべきではなかった。自由は民主共和党のモットーだったが、それはまだ市場経済の概念とは結びついていなかった。民主共和党は大規模産業に強い不信感をもっており、たくましい小規模農家こそがアメリカの本質であるとしていた。

一方、連邦党《フェデラリスト》は、簡単にいえば、高い理想よりも効率的な運営管理を優先させたがった。彼らは国家レベルよりも州レベルの方が管理がうまく行なわれると信じていた。政府の役割は国の安全と経済の安定を守ることであり、アメリカの製造業者や商人、実業家たちがそれぞれの仕事に専念できるようにすることだった。当然ながら、この哲学は産業化が順調に進んでいたマサチューセッツなどのニューイングランド州で根強く、もう一方の民主共和党哲学は農業が中心の南部で優勢だった。

していた高潔な紳士たちは、一般大衆に支持を訴えるという低俗な仕事をまだ嫌悪する傾向があった。1796年の選挙においても、アダムズは遊説に出かけて人びとと握手したり、赤ん坊にキスしたりするどころか、マサチューセッツ州クインシーの自宅に閉じこもっていた。彼は選挙運動でまったく積極的な役割を果たそうとせず、身ぶるいするような潔癖さでこう主張した――「私はこの愚かで不愉快なゲームの沈黙の傍観者であろうと決めている」

驚くことではないが、アダムズは対立候

ジョン・アダムズは選挙で選ばれた最初のアメリカ大統領だったが、彼はその民主的プロセスを嫌悪していた。日々の政治のごたごたよりも、人目を気にする自分を「優先」したため、彼はみずからの政権の働きを関知していなかった。

米軍艦コンステレーション号が、XYZ事件にともなう海戦でフランスの軍艦と死闘を繰り広げている。幸い、この話は単なるスキャンダルとして終わったが、当時のアメリカに本格的な戦争に耐えるだけの余裕はなかったはずだ。

補だったジェファーソンの南部の中核にはいっさい入らなかった。だが、ニューイングランドの支持は彼が自宅にいても十分なほど磐石だった。率直にいって、彼の在任中はちょっとした騒ぎこそあれ、スキャンダルはほとんどなかった。ただ、1798年までに、アメリカとフランスの間で海戦が生じた。フランスの革命政府は、すでに退陣させられていた君主政府による貸付の返済をアメリカが拒否したことに激怒した。

そこでジャン・コンラッド・オッティンガー、ピエール・ベラミー、リュシアン・オーテヴァルの３人が、フランス側の代理人としてその交渉をまかされた。一般にX、Y、Zとして知られた彼らは、アメリカに和解の代償として、フランスへの25万ドル（現在の450万ドル）の返済、１億ドル（現在の10億ドル以上）の新たな「貸付」、そして外相シャルル・モーリス・ド・タレーランへの25万ドル（現在の450万ドル）の支払い（事実上の賄賂）を要求した。何年にもわたる戦いでアメリカが疲弊していることは外国から見

彼は身ぶるいするような潔癖さで、「私はこの愚かで不愉快なゲームの沈黙の傍観者であろうと決めている」と主張した。

ても明らかだった。そこでフランスは「ゆすり外交」の手段に出た。同国はXYZ事件が収束するまでに300隻のアメリカ船舶を捕らえた。

最終的勝利

アダムズはこの不名誉な事態にずっと沈黙の傍観者でいることを余儀なくされたが、民主共和党《リパブリカン》がその力を過信したことから、最後に笑う結果となった。フランスの要求を公に暴露すると騒ぎ立てた彼らは、大統領に恥をかかせることには成功したが、彼ら自身もフランスへの避けようのない反発に悩まされた。同国の卑劣な態度をめぐる世論は、フランス革命の理念を支持していた民主共和党に大きくはね返ってきた。

野党派の犯罪化

アダムズは政権をゆるがした別のスキャンダルでも傍観者だった。というのも、帰化法と治安法を導入したのは、彼自身というより、彼の支持者たちだったからだ。いずれの法律にももっともらしい根拠があった。まず帰化法では、新たな移民は参政権を得るまでにより長く（14年）待たなければならず、その上で合衆国に真の忠誠を示すことになった。また、これに関連する２つの外国人法では、国家への陰謀を企んでいると思われる移民を本国へ強制送還するための広範囲な権限が政府に与えられた。これはこれで良かったが、記録によれば、新たな移民の多くは明らかに連邦党より民主共和党を支持していた。

もう一方の治安法では、「扇動行為」の定義の中に、政府やその職員に対する「虚偽あるいは中傷、および悪意のある文書」の出版

歴史上、革命はしばしば容赦のない弾圧につながるが、アメリカ独立革命もこの運命を完全に避けられたとはいえなかった。

が含まれていた。民主共和党から見れば、これは連邦党政府が批判のすべてを排除しようとしていると解釈された。歴史上、革命はしばしば容赦のない弾圧につながるが、アメリカ独立革命もこの運命を完全に避けられたとはいえなかった。たしかに、フランスの恐怖政治とは比べ物にならなかったが、これらの法律は野党派を反逆者として法制化しようとするものだった。

しかし、アダムズは1800年の選挙で敗北した。勝利したジェファーソンの民主共和党はすぐにその法律を無効とし、それによって苦しんでいた人びとに赦免や補償を与えた。連邦党がこの自由への攻撃という汚点を払拭するには、しばらく時間がかかった。

トマス・ジェファーソン（在任1801–1809年）

大統領の基準からしても、トマス・ジェファーソンはとくに花形だった。彼は大統領の地位によって輝きを得たというより、彼自身がその地位に輝きをもたらした。自由への戦いと憲法の起草の間にあって、彼は尽きることのない精力と才気あふれる人物として、考古学から建築学、古生物学から園芸学まで、さまざまな分野で重要な仕事をした。彼はルイジアナ購入によってアメリカの領土を拡大

し（その大きさを倍にした）、西部の地図を作成するためにルイス・クラーク探検隊を派遣した。しかし、彼がなしとげた多くの仕事は、必ずしもきれいな仕事ばかりではなかった。今日の観点からすれば、それは彼の理想と矛盾するものでもあった。

民主主義をめぐる決闘

アメリカの政治がいかに危険をともなうものであるかを知らなかった者は、1804年７月11日の出来事に衝撃を受けた。ジェファーソンの副大統領アーロン・バーが、連邦党の元財務長官アレグザンダー・ハミルトンを殺害したのだ。それはハミルトンに対するバーの個人的な恨みによるものだった。その日の明け方、ニュージャージー州ウィーホーケンの丘の人気のない森に鳴り響いた銃声は、それから何十年もの間、アメリカの政治制度に反響し続けることとなった。

合衆国大統領という役職を上まわるほどの人物はいないが、トマス・ジェファーソンはそれに近かったかもしれない。当時、もっとも偉大な政治家だった彼は、理想主義者であり、知識人であり、高名な科学者であった。

名誉にかかわる個人的なもめ事を決闘という手段で解決することは、いかにも旧世界の慣習のように思われるが、当時の貴族的な若者たちは自分がなお騎士のような特権階級に属すると考えていた。プロイセンのユンカーはサーベルで決闘し、イングランドの領主はフルーレで戦ったかもしれないが、世界最初の近代国家の指導者がそんなふるまいをしたのはなぜだろう。要するに、民主主義の価値観がまだ部分的にしか定着していなかったのである。アメリカのエリートたちは依然として紳士意識が強く、もめた相手とは決着をつけるという誇りをもっていた。この当時のアメリカは中途半端な状況にあり、決闘はニュージャージーやニューヨークで違法とされたばかりだったが、みずからの名誉が傷つけられたとして、私的な制裁をくわえようとする

ジェファーソン政権の1期目は、副大統領のアーロン・バーがニュージャージー州ウィーホーケンでの決闘で元財務長官のアレグサンダー・ハミルトンを殺害するという、アメリカ政治史上、きわめて異常なスキャンダルによってゆるがされた。

者への共感も根強かった。

バーとハミルトンは1800年の選挙戦以来、ずっと険悪な仲だった。2人の抗争は手段を選ばず、どちらも相手に容赦がなかった。選挙戦が終わっても、彼らの互いへの怒りは静まるどころか、ますますエスカレートしていった。トマス・ジェファーソンから2期目は別の副大統領候補を探すといわれたバーは、1804年、ニューヨーク州知事選に出馬した。このときの対立候補フィリップ・スカイラーはハミルトンの義父で、ハミルトンはある意図をもって彼に支援を申し出た。一連の批判的な記事を書いたハミルトンは、バーの選挙を阻止することには成功しなかったが、彼を耐えがたいほど怒らせることには成功した。2人は互いに批判を繰り返し、どちらもそれを撤回しようとしなかったため、ついに決闘が行なわれることになった。

バーに関しては、その様子から彼が恐怖と衝撃の中で発砲したとする者たちもいれば、彼は結果として敵を出血多量で死なせた残酷な殺人者だとする者たちもいた。

実際、銃弾が交差しただけのように見えた戦いは大変な混乱を引き起こした。ハミルトンの撃った弾は大きく外れた。彼はわざと撃ちそこねたと言ったが、それはただの強がりだったのかもしれない。あるいは、バーの名声を打ち砕くための冷酷なたくらみだったのかもしれず、バーの弾はハミルトンに命中した。銃器に関してはハミルトンの方がはるかに経験豊富で、彼は自分の持ってきた触発拳銃がいかに扱いにくいかも敵に説明しなかったようだ。一方、バーに関しては、その様子から彼が恐怖と衝撃の中で発砲したとする者たちもいれば、彼は結果として敵を出血多量で死なせた残酷な殺人者だとする者たちもいた。

殺人罪で起訴されたバーは逃亡した。しかし、ワシントンはニューヨークの裁判所の管轄外だったため、彼は副大統領の職を無事にまっとうできた。

宗教と過激論

ジェファーソンへの反感が明らかだったのは、当時の人びとの見るところでは、彼がしばしば組織的宗教を露骨に軽蔑したためだった。

当時の近代的な考えをもつ多くの知識人がそうだったように、ジェファーソンも「理神論者」だった――彼は世界の根源としての神の存在、宇宙の秩序を創造した「原動力」の存在は認めながらも、この神格がその創造物の諸事に継続的なかかわりをもつことは認めなかった。この神学論（もしそう呼べるなら）は世界の存在を説明するものではあったが、われわれが宗教として考えるもののほとんどを不要とした。ある日、同じ考えをもつ友人のフィリップ・マッツェイと外出したとき、ジェファーソンは朽ちかけた教会を見て、「馬小屋で生まれた彼にはお似合いだ」と皮肉を言った。この話が漏れて新聞社に伝わると、それは大統領が救世主を侮辱したとして、国民を憤慨させた。

人びとはジェファーソンがトマス・ペインをアメリカへ招いたときもひどく驚いた。公正な立場でいうなら、このイギリス生まれの過激論者はアメリカに大きな貸しがあった。『人間の権利』の著者だった彼は、アメリカ独立革命の指導者たちに刺激を与えたばかりか、この自由への戦いにみずから参加していた。

しかし、そのときから状況は進んでいた。合衆国は安定した民主主義国家として確立されようとしていたのに、ペインの扇動的発言は冷める気配がなかった。フランスの恐怖政治という衝撃的な例を前にして、ほとんどのアメリカ国民はもはや「革命論者」の気分ではなかった。連邦党の記者がペインを血まみれの怪物として描いたとき、読者はほとんど説得力を必要としなかった。

彼の見方によれば、アメリカの小規模農家が種まきと刈り入れを続けるかぎり、この国は自力で食べていけるはずだった。

貿易の禁止

2期目に入ったジェファーソン政権は、アメリカ史上、もっとも自滅的な法律の1つを可決した——1807年の通商禁止法案である。これは物品の輸出入を全面的に禁じる法律だったが、動機は政治的なものだった。それは当時、イギリスとナポレオン率いるフランスとの間で繰り広げられていた戦争において、アメリカの中立を掲げるためだった。おそらく、この政策は当時としては「正しかった」のだろうが、経済の現実をまったく無視していた。ここでもやはり、ジェファーソンは産業や貿易の問題に対する無関心を革命の誇りと考えていた。彼の見方によれば、アメリカ

プレーリードッグの姿をしたジェファーソン大統領が、ナポレオンの顔をしたスズメバチに「刺されて」、西フロリダのために大量の金貨を吐き出しているのを、フランスの外交官が小躍りして喜んでいる。1804年に描かれたジェームズ・エーキンのこの風刺画は、ジェファーソンの領土購入がいかに高い買い物だったかという世論を反映している。

ファーストレディー

合衆国大統領の歴史がまだ始まったばかりの頃、「ファーストレディー」の役割はすでに明確に定義されていた。この点で、トマス・ジェファーソンは困った立場に置かれた。彼の妻マーサは、彼が大統領選に出るずっと以前の1782年に亡くなっていたからだ。そこで彼はどうしたか。解決策はすぐに見つかった。彼は国務長官の妻だったドリー・マディソンに目をつけた。当時、ワシントン屈指のもてなし上手として知られた彼女は、訪問中の政府高官やその妻たちの接待役にうってつけだった。

しかし、彼女は大統領のために他にも妻としての伝統的な務めを果たしたのではないか——ジェファーソンの政敵は、そんなふうにホワイトハウスでの性的スキャンダルをほのめかした。さらにそれでは終わらず、彼らはドリーの夫ジェームズ・マディソンを陥れようと、彼とジェファーソンが政治的に同調しそうな者たちの支持を得るために、ドリーとその妹アンナを娼婦として送り込んでいると言い出した。

幻のファーストレディー、マーサ・ウェイルズ・スケルトンは1772年にトマス・ジェファーソンと結婚した。病弱だったにもかかわらず、６人の子どもを産んだ彼女は、結婚からちょうど10年後に亡くなり、夫は悲しみに打ちひしがれた。

の小規模農家が種まきと刈り入れを続けるかぎり、この国は自力で食べていけるはずだった——理想主義のアメリカ人が他に何を望むというのだろうか。

だが、理想主義であろうとなかろうと、産業化が進んだ北部の人びとはさらに多くを望んでいた。とりわけ、彼らは貿易を行ない、原料を手に入れ、自分たちの工場でつくった製品を出荷できることを望んだ。結果として、その法律は機能しなかった。品物はカナダへ運ばれ、そこから密かに国境を越えるか、あるいは漁船で東沿岸を下って密輸された。しかし、産業と貿易はそれでも苦しい状況にあった。ニューヨークは連合から脱退しようとしていたが、それだけ彼らの危機は深刻だった。ジェファーソンは最終的に通商禁止令の解除を余儀なくされたが、彼がそうしたのは1809年で、大統領の任期が切れるわずか数日前のことだった。

スパイ13号

ジェームズ・ウィルキンソンは戦争の英雄だった。彼は独立戦争で勇敢かつ機略縦横な戦いぶりを見せた。しかし、この男は卑劣な反逆者でもあった。国を裏切る者はたいてい誤った理想主義や、なんらかの怒り――事実であれ想像であれ――からそうするものだが、ウィルキンソンの場合は自分のためにそうしたのだった。ルイジアナ購入の結果、アメリカの入植者たちが西のミシシッピ川流域へ押しよせると、彼は毛皮と農産物を買い占め、それを筏に積み込み、下流へ向かった。遠くニューオーリンズまでたどり着いた彼は、そこで積み荷を売り、かなりの利益を上げた。また、彼はスペイン人に忠義を売ることで、さらに大きな利益を上げた。ウィルキンソン

右：この絵で革命の楽観主義に照らされたトマス・ペインは、しばしば暴民政治の火を吹く怪物として描かれた。だが、ジェファーソン大統領にとって、彼はつねに刺激の源であり、友人だった。

映画『ジェファソン・イン・パリ――若き大統領の恋』（1995年）の製作者の見方によれば、ジェファーソンとサリー・ヘミングズとの関係は複雑ではあっても、愛のあるものだった。批評家はそれが少なくとも暗に高圧的なものだったと主張している。

REBELLION
PERJURY
ATHEISM
MISERY
TREASON
FAMINE
NATIONAL & PRIVATE RUIN
ANARCHY & MURDER
INGRATITUDE IDLENESS
EQUALITY MADNESS
TREACHERY
CRUELTY
INJUSTICE
of MAN
Common Nonsense
Equality of Property
&c &c
Loyalty
Justice
Inheritance
Magna Charta
Industry
Personal Security
Religion
Obedience to the Laws
Morality

近代アメリカの多民族精神は、サリー・ヘミングズとジェファーソンの子孫の集まりにおいて印象的に示されている。しかし、地主と奴隷の少女との関係の本質をめぐっては、今も重要な疑問が残る。

は兵士だった一方で、策士でもあり、魅惑的な男でもあった。ベテランの政治家たちでさえ意のままに操った彼は、まずワシントンの引き立てを受け、続いてアダムズ、そしてジェファーソンの引き立てを受けた。だが、彼の怪しい行動はつねに噂のまとだった。軍の高官——そして最終的にはジェファーソンに北ルイジアナ領の知事に任命された——として、彼は重要な国家機密に関与していた。しかし、上司たちは彼がそんな恥知らずな背信行為を犯したとは信じたくなかったようだ。ウィルキンソンに嫌疑がかけられたのは、ジェームズ・マディソン大統領の時代になってからだった。1811年、彼はついに弁明を求められたが、なんとかそれを切り抜け、無罪となった。1813年から14年、スペインに対する２つの軍事作戦が失敗に終わったとき、彼はふたたび嫌疑をかけられた。このときも彼は取り調べによって潔白が証明された。ウィルキンソンがじつは最初からスペインのスパイ（スパイ13号）だったことが判明したのは、彼の死後の1825年のことだった。

一族の奴隷

アメリカ民主主義の父は、文字どおりの意味の父でもあった。ジェファーソンの第１の家族はこの新しい共和国の上流階級に属していたが、彼には第２の家族があったようだ。1782年にマーサを亡くした後、ジェファーソンは秘密の情事に走った。サリー・ヘミングズとの関係は21世紀のわれわれに警鐘を鳴らした。そもそも２人の関係が始まったとき、サリーはわずか14歳だった。また、彼女はアフリカ系アメリカ人の奴隷でもあった。一方がもう一方の所有物だったとすると、２人の関係が本当に合意にもとづくものだったのかどうかは疑問だ。

もちろん、人間は誰でも道徳を見失うことがある。それにジェファーソンの理想主義と自由を愛する心は本物だったに違いない。しかし、どういうわけか、彼の友人トマス・ペインが「人間の権利」と呼んだものは、肌の色が異なる人間には適用されなかった――さらにいえば、どちらの人種であれ、女性には

わずか１世代の歴史しかなかったアメリカ民主主義の夢は、1812年にイギリスの侵略軍がホワイトハウスに火を放ったとき、燃え尽きようとしているかに見えた。内部は破壊され、外部もほぼ黒焦げになった。

そもそも２人の関係が始まったとき、サリーはわずか14歳だった。また、彼女はアフリカ系アメリカ人の奴隷でもあった。一方がもう一方の所有物だったとすると、２人の関係が本当に合意にもとづくものだったのかどうかは疑問だ。

適用されなかった。結局、民主主義は特権階級の贅沢品にすぎなかったのかもしれない。実際、古代アテネが奴隷労働によって成り立っていたことは有名な事実であり、現在のアメリカでも、貧困層は選挙に参加しない傾向がある。ただし、これは彼らが宿命論的な無気力に負け、みずから権利を放棄しているからともいえる。ともあれ、建国の父たちは自由を声高に叫びながらも、この権利が何万人というアフリカ系アメリカ人の奴隷たちによって正当に主張される可能性を考えもしなかったらしい。1776年の独立宣言に署名した者たちの中でも、とくに理想主義的だったジェファーソンがこうした状況をなんの疑いもなく受け入れたのは、やはり衝撃的である。

しかし、奴隷との秘密の情事は南部の生活文化に織り込まれたものだった。サリーの母親も、イギリス人の船長が見知らぬアフリカ

「プレジデントレス《大統領夫人》」とその影響力に対する風刺は、多くの政治家階級による女性蔑視を明らかに反映したものだったが、同時にそれはマディソン自身に向けられたもので、彼は大統領としては軟弱すぎると思われていた。

貧弱な男

それまでの合衆国大統領の中でもっとも小柄で細かったジェームズ・マディソンは、身長が162センチほどしかなく、体重も45キロ以上になったことがなかった。その精神的度量とつりあわせるかのように、彼の身体的な存在感は貧弱だった。彼は態度も冷淡で、打ち解けない感じだった。しかし、このとりすました仮面だけでは不十分とでも言うかのように、ジェームズ・マディソンは発作にも苦しんでいた。彼はしばしば凍りついたように動けなくなった。実際、彼の病気は当時の医師たちには癲癇《てんかん》と診断されたが、現在の専門家はそれを「癲癇様ヒステリー症」と見なしているようだ。というのも、そこには心理的要因があるらしく、これは心が体験した無力感を体がそのまま表現したと考えれば簡単だ。マディソンの場合、幼い頃からその病気にひどく苦しんできたが、政治家という天職を見つけたことで、彼は自然と「そこから脱却した」らしい。ところが、1800年代に入って、夫がまた「凍りついている」のを妻のドリーが見つけた。それはイギリス海軍が事実上、なんの罰も受けずにアメリカ船舶を攻撃している時期だった。マディソンは自分の無力さに文字どおり、体が麻痺したようだ。

の女性に産ませた子どもだった。また、マーサの財産の一部としてこの家にやって来たサリーが、マーサの異母姉妹だったこともほぼ明らかな事実である。そうした関係は南部社会に深く根づいていた。そして善悪は別として、ジェファーソンとサリーの関係が長続きしたのも事実で、38年間に７人の子どもが生まれた。

ジェームズ・マディソン（在任1809-1817年）

弁護士が本職だったジェームズ・マディソンは、つねにアメリカの政治の殿堂に入るべき人物であり、彼ほど憲法の草稿やその説明に尽力した者はいなかった。だが、実務肌の政治家として、結局、彼の力は不十分だった。マディソン政権はけっしてアメリカの栄光の時代ではなかった。ホワイトハウスがイギリス軍に焼き尽くされるという屈辱を経験したのも彼の在任中だった。さらに悪いことに、1812年の米英戦争はまさに「マディソン大統領の戦争」と呼ぶべきものだった。イギリス海軍はアメリカの船舶をしつこく悩ませていたが、これはおもにアメリカ船がイギリスの宿敵フランスと貿易していたからだった。また、イギリスは脱走した水兵がアメリカ市民になる権利を認めず、アメリカ船を拿捕するのはそうした者たちを海軍に「動員する」ためでもあった。

しかし、マディソンはこうした挑発にのる必要はなかった。彼が宣戦布告したのは、アメリカが戦って勝てると思ったからだった。血気盛んな若い将校たちは、イギリス領北アメリカ（現在のカナダ）への攻撃は楽勝だと信じていた。というのも、現地のイギリス駐

この絵のジェームズ・マディソンはどこをとっても——堂々として威厳のある——立派な政治家に見える。しかし、当時のこの版画からは少しも感じられないが、アメリカの第４代大統領はじつは絶え間ない苦しみにさらされており、精神的・肉体的にそれを「収拾する」必要があった。

留軍は非常に貧弱だったからだ。マディソンは軍備を進めるよりも、戦争への政治的道筋をつくることに集中した。いざ戦争が始まると、規模が小さく、資金不足で装備の不十分なアメリカの民兵組織はすぐに絶望的な状況に陥った。カナダのイギリス軍はさらに小さかったが、はるかに経験豊富で容易にアメリカ軍を打ち負かした。一方、イギリス海軍は海上で掃討作戦を展開していた。彼らはほとんど意のままにアメリカ船を狙撃し、東部の港を封鎖して、経済活動を徐々に停止へ追い込んだ。

炎に包まれたワシントン

1814年のワシントン攻撃は、軍事的な意味よりも象徴的な意味において衝撃だった。ほかでもないホワイトハウスと議事堂が炎に包まれたのだ。闇の中で唯一かすかな光を放っていたのは、ボルティモアでのロケット弾の赤い煌めきだけだった——その防衛の成功がアメリカ国歌誕生のきっかけとなった。しかし、イギリス軍の勢いはすでに弱まっていた。北アメリカは本国から遠く離れており、ナポレオン率いるフランスもその勢力をヨーロッパで使い果たしていた。そのため、マディソンはアメリカ史上最大ともいえる外交政策の失敗をなんとか切り抜けたが、彼に対する後世の評価は非常に厳しいものだった。

しかし、物事の明るい面を見るとすれば、それは煙で真っ黒になったホワイトハウスを再建するための絶好の機会となった。現在のパラディオ式の大建築がその結果である。そしてドリー・マディソンは、アメリカの新しい官邸を仕上げるという務めにぴったりのファーストレディーだった。アメリカのもっとも献身的なホステスは、精力的な室内装飾家でもあった。彼女は品格や流行だけでなく、予算の制約にも鋭い目を向けながら、ホワイトハウスの内装すべてを手がけた。そしてついに、マディソン政権のまぎれもない偉業が達成されたのである。

WASHINGTON AS A FREEMASON.
G
LAFAYETTE
JACKSON
B. E.
LOVE
RELIEF
TRUTH
CHARITY
"The grand object of Masonry is to promote the happiness of the human Race." Washington
BORN FEB. 22. A.D. 1732.
DIED DEC. 14. A.D. 1799
MADE A MASON 1752. COMMANDER OF THE AMERICAN ARMY, 1775. PRESIDENT OF THE UNITED STATES. 1789.

第2章
腐敗した統合体

アメリカは腐敗が進んだ。国の存続が確かなものになると、政治家たちは私腹を肥やし、権力を強化しようとした。しだいに有権者は不信をつのらせたが、どんなにその期待がしぼんでも、政治家たちは新たな方法で人びとをさらに失望させるのだった。

左：その世代の多くの者たちと同様、ジョージ・ワシントンはフリーメーソン会員だったが、政治もそれ自体が秘密結社のものとなりつつあった。ウィリアム・ヘンリー・ハリソン（上）の当選も、民主主義的な運動によるというより、彼の支持者の組織的働きによるものだった。

「政府の最良の形態は、最大限の悪を最大限に防げるものである」

崩壊したホワイトハウスではまだ煙がくすぶっていたかもしれないが、どうやら危機は去ったようだった。自由を確かなものとしたアメリカは、その将来に期待をいだくことができた。この新国家が「好感情の時代」と呼ばれる時期に入ると、政治的な緊張もずいぶん和らいだ。党派抗争や政治的スキャンダルは消えなかったが、社会全体が現状にかなり満足していた。

再建され、家具も新たに備えつけられたホワイトハウスは、「好感情の時代」の平和と繁栄にふさわしい象徴だった。しかし、モンローの資金管理については悪感情があった。

ジェームズ・モンロー（在任1817−1825年）

ジェームズ・モンローはじつは建国の父の1人だった。彼は革命戦争でも戦った。実際、有名な絵画「デラウェア川を渡るワシントン」の中で、旗を掲げているのは彼である。しかし、彼の大統領在任期間はすでに新たな時代に入っていたようで、アメリカは独立当初の生みの苦しみを忘れ、未熟ながらもゆるぎない国家として突き進んでいた。それについてはモンロー自身も大きな賞賛に値する。支持者に対しても、反対者に対しても鷹揚で愛想の良かった彼は、できるだけ対立や口論を避けるために力を尽くした。もはや世界を変えようといった自由闘争の熱弁をふるうのではなく、モンローはもっとも害の少ない政治のあり方を訴えた——「政府の最良の形態は、最大限の悪を最大限に防げるものである」

ただ、彼はつねにそんなふうだったわけではない。血気盛んな若い理想主義者だった彼は、フランス革命を熱烈に支持し、みずから駐仏アメリカ公使としてパリへ赴いた。しかし、より保守的な政策を進めるジョージ・ワシントンと衝突し、孤立を深めた。1794年、合衆国がイギリスとジェイ条約を結んだとき、蚊帳の外に置かれた彼は、ワシントンからその任務には不向きといわれ、まもなくアメリカに呼び戻された。激怒したモンローの反応に「好感情」などあるはずもなく、彼はその「正気を失った大統領の卑劣な仕打ち」を非難した。

腐敗の文化

ワシントンが正気かどうかは別として、彼はたしかに法外な支出申請を行なった。一方、

これに関してはモンローも負けてはいなかった。ただ、ワシントンが戦争で私腹を肥やしたのに対し、モンローはホワイトハウスの再建（まだ未完成だった）で私腹を肥やし、彼は「家具基金」を巧みに利用した。まず、モンローはワシントンがしたように、いかにも献身的な姿勢を示した——彼は自宅の家具を莫大な金額で国に売りつけ、恩をきせた。次に、彼は新たな家具の購入のために基金から惜しみなく金を引き出し、結果として１万1000ドル（現在の18万3000ドル）の赤字を出した。

　また、「好感情の時代」は後味の悪さを残そうとしていた。一連のスキャンダルにつきまとわれたモンロー政権は、いずれもささい

革命の扇動者としての年月はすでに過去のものとなり、ジェームズ・モンローは安定感のある保守的な中年に落ち着いていた。それは彼が統治していた国家も同じだった。

一連のスキャンダルにつきまとわれたモンロー政権は、いずれもささいな事件とはいえ、アメリカ政府の名誉を汚した。

な事件とはいえ、アメリカ政府の名誉を汚した。たとえば、陸軍長官ジョン・カルフーンの書記官だったクリストファー・ヴァンデヴェンター少佐は、義兄弟の関係にあった恥知らずのイライジャ・ミックスにだまされ、ホワイトハウスの評判を落とした。1818年、ミックスは内部情報を利用し、政府がチェサピーク湾の要塞建設に使う予定だった花崗岩を買い占め、それを政府に高値で売却した。ヴァンデヴェンターは軽率にも、その利益の4分の1を分け前として得ることになっており、同じく非常識なことに、カルフーンもその取引を承知していた。

右：ジョン・カルフーンは高潔の士として評判だったが、これは1818年のイライジャ・ミックス事件によって大きく損なわれた。たとえこのモンローの陸軍長官が実際には犯罪に関与していなかったとしても、彼の愚直さは罪だった。

ライバルの策略

1823年から24年にかけて、「A. B.」という署名入りの一連の記事が出されたことは、モンロー政権をさらに困惑させた。それは財務長官ウィリアム・H・クローフォードの汚職を告発する記事で、申し立てによれば、彼は西部での税収を引き上げるために地元銀行と癒着していた。調査によってクローフォードの嫌疑は晴れたが、政府の措置が無節操だったのは確かである。それにしても、クローフォードは当時まだ辺境の地だった西部とどんな関係があったのだろう。その後、「A. B.」の署名はイリノイ州の上院議員ニニアン・エドワーズのものと判明し、彼は党のライバル

悪感情

大農園をめぐる感情はけっして「好感情」ではなかった。こんなことを言っても無意味だろうが、モンローは奴隷制を支持していたわけではなかった。ただ、彼はその「ゆるやかな」段階的廃止を望んだとはいえ、そのための積極的な措置はまったく講じなかった。既存の奴隷たちをその幸せな結末が訪れるまでどうするかについても、彼は言及しなかった。奴隷の主人にはたいてい人道主義的な傾向があったが、モンローの奴隷たちはほとんどその恩恵を受けられなかった。大統領の財政問題は彼らの生活を大きく左右した。贅沢な暮らしぶりと慢性的な債務は彼の大きな精神的負担だったかもしれないが、その肉体的負担は奴隷たちに向かった。大統領になる前、モンローは借金のために一族の大農園を手放すはめになったが、彼は南部に他にも土地を所有していた。ワシントンにいるため不在の地主だった彼は、かなり非現実的ではあったが、財政難をのりきるためにこれらを当てにした。結果として、残忍な監督に過酷な労働を強いられ、その代償を払わされたのは、彼の奴隷たちだった。

を出し抜こうとしたのだった。

ジェームズ兄さん

モンロー政権から始まったともいえるアメリカの偉大な伝統の1つが、大統領の厄介な兄弟の問題である。ドナルド・ニクソン、サム・ヒューストン・ジョンソン、ビリー・カーター、そしてロジャー・クリントンは、いずれもその兄弟である大統領の威厳を損なうために一役かった。しかし、この悪しき伝統の第1号はジョゼフ・ジョーンズ・モンローだった。彼は借金を重ね、兄のジェームズはいつもそれを肩代わりしてやらなければならなかった。結果として、ジョゼフは西部へ向かう入植者の波に加わったが、大統領がそうするように弟を促したのはほぼ間違いない。彼は1824年、ミズーリ州ハワード郡で死んだ。

ジョン・クインシー・アダムズ（在任1825−1829年）

ジョン・クインシー・アダムズは第2代大統領ジョン・アダムズの息子だった。だが、皮肉なことに、彼のもっとも永続的な遺産は「モンロー主義」として知られている。国務長官だったアダムズは、合衆国がアメリカ大陸全体を取り締まり、いかなるヨーロッパの干渉もそれに対する侵略行為と見なすという考えを最初に明確にした人物だった。世界に向けたこの警告は、じつは慎重に考慮された「微妙な」言いまわしで表現されており、実際はそれほど従順でもなければ、鷹揚でもなかった彼の性格をよく表している。

それは彼が異例の形で大統領に就任したことからも明らかだった（彼が「選挙」によってその地位に就いたと

次々と汚職の告発がなされるなか、その1つが事実無根と証明されたのは本当に幸運だった。1824年、議会による調査で財務長官ウィリアム・H・クローフォードの嫌疑はすべて晴らされた。

これは1824年の選挙を描いたデーヴィッド・ジョンストン・クレープールの有名な風刺画である。ジャクソンとアダムズが首の差でゴール、クローフォードが３着で、クレーが脱落という候補者レースの様子が示されている。

考えるのは見当違いのようだ)。多くの合衆国大統領が疑惑の中で職を離れたといえるが、その最初がクインシー・アダムズだった。1824年の大統領選挙で、５人の候補者はいずれも圧倒的過半数を獲得できなかった。ただ、アンドルー・ジャクソン将軍が最多数を得票したのは事実で、アダムズの30.5パーセントに対して43.1パーセントの票を得ていた。しかし、もっとも得票率が低く、選挙戦からの脱落を余儀なくされた候補のヘンリー・クレーが、ジャクソンの宿敵ということでアダムズの支援にまわったため、アダムズが当選した。

アメリカの君主制？

当然ながら、ジャクソンとその支持者はアダムズが大統領の地位を「不当に奪った」と言った。それは「好感情の時代」の終わりだった。ジャクソンをあまり好きではない者たちでさえ、大統領の息子が大統領になったことに不安を感じていた。彼らはヨーロッパの君主制のような世襲支配が現れようとしているのではないかと恐れていた。

ジョン・クインシー・アダムズの堂々とした高慢な態度も、そうした批判をいっそう強めた。彼は謙虚さのかけらも見せずに、金のかかる壮大な政策課題にのりだした。彼自身が不正を働いたわけではないが、人びとは道路や運河といった重要な建設計画を含めて、彼がインフラ整備の野心的なプロジェクトに着手する命令を出すとは思わなかった。

ジャクソンをあまり好きではない者たちでさえ、大統領の息子が大統領になったことに不安を感じていた。

また、人びとは大統領の息子たちのふるまいにも納得できなかった。長男のジョージ・ワシントン・アダムズは女好きのアルコール中毒者で、28歳のときに水死体で発見された（自殺したらしい）。次男のジョン・アダムズ２世も同じくアルコール中毒者で、彼も31歳という若さで死んだ。今になって考えてみると、あれほど偉大な祖父と父の後に続くということは、この２人の若者にはあまりに重圧だったのかもしれない。だが、当時の人びとの目には、彼らのふるまいは恵まれすぎた「皇太子」のわがままでしかなかった。

皇帝とメイド

ジョン・クインシー・アダムズは1809年から1814年まで駐ロシア・アメリカ公使を務めていた。この時期、彼のメイドの１人が故郷への手紙の中で皇帝アレクサンドル１世について褒め言葉をつづった。ロシア皇帝との会談で緊張をほぐすため、公使がこの話に触れると、おおいに喜んだアレクサンドルはその娘を紹介してくれるように頼んだ。その後の会談がひどく気まずいものになったのは当然だろう。しかし、ジョン・クインシー・アダムズがこのことで皇帝に自分の召使いを差し出したと非難されるのはおかしい。とはいえ、恋愛と戦争だけでなく、ホワイトハウスをめぐる競争においても、政治家は手段を選ばないということをアメリカ国民はしだいに学びはじめていた。

結婚と悲嘆

ファーストレディーだったルイーザ・アダムズの姪メアリー・キャサリン・ヘレンは、親を亡くしたためにホワイトハウスへつれてこられた。彼女はまだ13歳だったが、手に負えないほど自由奔放な少女だった。２年もしないうちに、彼女は10代にしてぞっとするほどの「魔性の女」に成長し、従兄弟たちを性欲と嫉妬に狂わせた。ジョージ・ワシントン・アダムズと婚約したことで少しは落ち着いたようだったが、それも彼の弟チャールズ・フランシス・アダムズをふったあげくのことだった。しかし、ジョージが律儀にも学校を卒業するまで結婚を延ばすことにしたため、メアリーはホワイトハウスでふたたび野放しにされた。

一方、次男のジョン・アダムズ２世も、ハーヴァード在学中のはずが1827年に退学させられ、実家へ戻って父親の個人秘書を務めていた。だが、それは実質的な仕事ではなかった。ジョンはメアリーとの恋にたわむれ、メアリーも不在のジョージのことなどすっかり忘れていた。ルイーザは焦った。この身勝手な２人の恋が肉体関係に発展するのは時間の問題だった。大統領はといえば、頑なに現実を無視するばかりだった。1827年２月、結果的にルイーザの思いがとげられ、慌しくホワイトハウスの結婚式が準備された。

２つの傷ついた自尊心が脇に控えている中で、それはあまり幸せな行事とはいえなかった。花婿もあまり嬉しそうではないと母は思った。ルイーザは心痛から数日間、床に伏したが、その前に時間を見つけてチャールズ・

左：ルイーザ・アダムズは威厳に満ちた雰囲気をもっていたが、その落ち着いた物腰の下には不安と病気が隠されていた。彼女はその結婚生活をとおして、偏頭痛や流産、鬱病の頻発に苦しんでいた。

大統領の地位に気後れするどころか、ジョン・クインシー・アダムズは非常に落ち着いて見えた。批評家たちがそう感じただけかもしれないが、彼らはホワイトハウスにアダムズ「王朝」が創立されることを懸念した。

フランシスに手紙を書き、ジョンは「もうまるで世の中の心配事をすべて背負ったような顔をしています」と伝えた。しかし、欲しいものを手に入れた花嫁の方は、大統領一家をさんざんふりまわしておきながら、図々しいほど穏やかだった——「嫁はいつものように涼しい顔をして、気楽で無関心です」と彼女の新しい義母は言った。

アンドルー・ジャクソン (在任1829－1837年)

アンドルー・ジャクソンは真実をあまり厳しく重んじない政治家で、それは彼が最初でもなければ最後でもなかった。実際、彼が丸太小屋で生まれたという話はひどい誇張だった。だが、彼が当時、アメリカ政界の支配的エリートだったWASP（アングロ・サクソン系白人プロテスタント）の出身でなかったのは事実である。そのため、1824年の選挙をジョン・クインシー・アダムズが「盗んだ」のを見たジャクソンが、その敵意を強めたのは当然だった。テネシーに戻って傷を癒した彼は、「ジャクソン軍団」——善良な小規模農家、木こり、肉体労働者らの集まり——のリーダーとして、アメリカの新たな貴族政治から権力を奪い取ることを決意した。

贅沢な教育を受けた特権階級の子弟がビールとNASCAR《ナスカー》（改造自動車レース）を何より好むというふりをする伝統をアメリカ政界に確立したのは、「オールド・ヒッコリー《頑固おやじ》」の愛称をもつジャクソンであり、この「名誉」は彼のものである。ジャクソンは当時の「平凡なアメリカ人」を演じた。一方、彼は政治家としてより卑劣な罪も犯した。政権が1期目に入った翌年、彼はインディアン強制移住法に署名した。最高裁がアパラチア山脈以西の新しい州では先住アメリカ人に留まる権利があるとしたにもかかわらず、ジャクソンはその法的判断を無視し、多くの先住アメリカ人に先祖代々の土地からの強制移住を命じた。ジャクソンが果敢に守ろうとした「平凡な男」は白人でなければならなかった。同じく、アフリカ系アメリカ人もその自由から除外され、彼は奴隷制に関する法の改正に断固反対した。ジャクソンは「民衆の味方」を標榜しながらも、それを政策に反映させることはあまりなく、それまでのどの大統領よりも拒否権を多く行使した。

レーチェルの名誉

アンドルー・ジャクソンはファーストレディーの最初の夫ではなかった。立派な身分の女性は結婚するまで処女でなければならないとされていた時代、彼女はそのことで世間の興味をかった。さらに悪いことに、離婚が正式に認められた時期が曖昧だった。これは離婚がまだ非常にめずらしく、その詳細がほとんど知られていないか、理解されていなかった時代にはよくあることだった。とくに西部の新しい州では、法律が独り歩きし、記録管理がぞんざいな場合があった。問題は彼女とジャクソンの結婚に重婚の可能性があるということだった。

1788年に前夫ロバーズから家を追い出されたレーチェルは、母親の営む実家の下宿屋へ戻った。その後、離婚手続きが進み、とくに争いも生じなかった。1791年に彼女がアンドルー・ジャクソンと駆け落ちしたとき、彼女が熱烈に彼を愛していたこと、そして自分は独身だと信じていたことは間違いない。しかし、結婚したという２人の主張を誰もが信じたわけではなかった。少なくとも法を厳密に解釈した場合、彼女が重婚の罪を犯したといわれるだけの根拠があることが明らかになった。というのも、レーチェルとロバーズの離婚が最終的に成立したのは1792年のことだったからだ。結局、２人は1794年に改めて結婚することになった。

アンドルー・ジャクソンは、その粗野な生い立ちと南部特有の態度や考え方を重んじることで、貴族的な物腰がアメリカの一般有権者を遠ざけていたジョン・クインシー・アダムズとの違いを対照的に見せつけた。

「オールド・ヒッコリー《頑固おやじ》」は不死身だった。彼は13回にわたる決闘を生き延びたばかりか、1835年1月30日、合衆国大統領に対する最初の暗殺未遂事件として記録される襲撃も生き延びた。彼を襲った男は拳銃を2丁所持していたが、奇跡的にどちらも不発に終わった。

にもかかわらず、噂は消えなかった。強い自尊心と妻への真の愛情をもっていたジャクソンは、レーチェルの名誉を汚す発言に怒りを爆発させた。その結果、数えきれないほどの口論と13回もの正式な決闘が行なわれた。とくに1806年の戦いは致命的なものとなり、弁護士のチャールズ・ディキンソンは未来の大統領に怪我を負わせた後、みずからの命を落とした。ジャクソンは銃弾がかろうじて心臓を外れたため、幸運にも生き延びた。ディキンソンは弾丸を山ほど用意しており、それがガラガラと音を立てていたという。

マーティン・ヴァン・ビューレン（在任1837–1841年）

アメリカは大きな国かもしれないが、政治は非常に小さな世界である。われわれはそれが生み出す協調や対立、さまざまな関係性にけっして驚いてはならない。ヨーロッパはすでに気づいていることだが、アメリカは君主

その当時、バーは結婚したばかりで、妻にぞっこんであることもよく知られていた。しかし、それは彼の浮気を止める理由にはならなかった。

制や地位の世襲といった概念にとりわけ反対してきたにもかかわらず、権力の世襲に関してやや後ろめたいものがある。アダムズ親子の例は先に見たとおりだが、じつはマーティン・ヴァン・ビューレンもアーロン・バーの非嫡出の息子ではないかという話がある。証拠はせいぜい状況的なものにすぎない。バーはときどきヴァン・ビューレンの両親が営む居酒屋を訪れていた。その当時、バーは結婚したばかりで、妻にぞっこんであることもよく知られていた。しかし、それは彼の浮気を止める理由にはならなかった——昔も今も、男は頭と体が別なのだ。バーは女性にもてたといわれているが、その魅力は居酒屋の主人の女房にとっても抗しがたいものだったのだろうか。今さら真実を知る術はないので、判断は読者の皆さんにおまかせしたい。

一方、「キンダーフックの狐」と呼ばれたヴァン・ビューレンが非常に狡猾で言い逃れがうまかったのは事実で、その才能は「父親」ゆずりだったかもしれない。ヴァン・ビューレンは成長してバーの大胆さや自信、さらには服装へのこだわりまで受け継ぐようになっ

現在、ハドソン川流域にあるリンデンウォールドは国立史跡となっている。マーティン・ヴァン・ビューレンが大統領在任中に購入したものだが、彼は1841年にホワイトハウスを離れるまで、この30部屋もある屋敷に住むことはなかった。

左：国内経済が困窮しているとき、相変わらず一分の隙もない身なりをしていたマーティン・ヴァン・ビューレンは、仕立ての良い服や贅沢な暮らしを好んだことで批判をまねいた。

右：アーロン・バーは色男として有名だったが、それでもジェファーソンの副大統領がマーティン・ヴァン・ビューレンの実父だったかもしれないという噂は、政治的陰謀論の基準からしても、こじつけのように思われる。

た。ヴァン・ビューレンが高級な仕立てを好んだことは経済恐慌の時期に論議を呼んだが、彼の贅沢な暮らしぶりはさらに広く論議を呼んだ。結局、ヴァン・ビューレンが大統領候補の指名を受けたのは、ジャクソンの「秘蔵っ子」としてだった。彼は国務長官として、さらには副大統領としてジャクソンに忠実に仕えた。

女性に弱い大統領

ライバルの政治家たち――そして後の歴

ジョンソン夫人

ヴァン・ビューレンの副大統領だったリチャード・メンター・ジョンソンは、「黒人の愛人」ジュリア・チンと公然と出歩き、しばしば上流社会を憤慨させたといわれている。しかし、あらゆる証拠によれば、ジョンソンは正式に結婚していなかった彼女のことを内縁の妻と見なしていた。彼が仕事で留守のときは、彼女がケンタッキーの大農園を管理した。ジュリアはそれでも法的には奴隷であり、肌の色が薄いとはいえ、公には「黒人」でもあった。そのため、ジョンソンはたとえそれを望んでも、彼女と合法的に結婚することはできなかったはずだ。

では、彼は公民権運動の初期の英雄だったのだろうか。彼はその気になれば、奴隷という立場を相手の女性に不利に利用することも十分できた。ジュリアの死後、ジョンソンは別のアフリカ系アメリカ人の女性と付き合った。彼女が別の男のもとへ走ったとき、彼は法的権限のすべてをぶつけた。彼はその女性を追跡して捕らえ、競りで売り飛ばした。

ハリソンの就任演説は大統領としての彼の一番の見せ場だった。実際、それは彼の大統領在任中のまさしく唯一の業績だった。病に倒れた彼は、就任後わずか32日で亡くなった。

史家たち——は、ヴァン・ビューレンと彼の「第３期ジャクソン政権」における功績を過小評価しようとしてきた。彼らはヴァン・ビューレンをこき下ろしたいと思っていたのだろうが、それは彼の出世がマーガレット・「ペギー」・オニール・イートンに対する寛大な態度によるものだったという話に関係がある。陸軍長官ジョン・イートンの妻ペギーは、他の閣僚夫人たちから孤立していた。彼女は未亡人としてイートンと結婚したが、最初の夫が生きている頃から彼と不倫関係にあったと噂されていたからだ。1830年から31年にかけての「ペティコート事件」はジャクソン内閣に衝撃を与えたが、自身もそうしたゴシップの手——というより舌——にかかって苦しんだ大統領は、ペギーが敬意をもって扱われるべきだと強く主張した。一方、それまでジャクソンの右腕だったジョン・カルフーンは、その信頼を損ねた。彼の妻フローリデが閣僚夫人たちによる反乱の首謀者と見なされたからだ。結局、その恩恵を受けたのはマーティン・ヴァン・ビューレンで、彼はカルフーンに代わって副大統領となった。

人間性と人権

1838年、ジャクソンがニューヨーク港の関税徴収官に任命したサミュエル・スウォータウトが約225万ドル（現在の5400万ドル）もの大金を着服していたことが発覚した。ヴァン・ビューレンは決然と対処し、後任にジェシー・ホイトという男を任命したが、結局、彼も賄賂を受け取っていたことが判明した。残念ながら、そうした汚職事件はアメリカ国民にとってもはや日常茶飯事になっており、それは現在も同じである。しかし、ヴァン・ビューレン政権がいわゆる「少数民族政策」として行なった数々の強奪行為については、われわれは当時の人びとほど寛大にはなれない。

ヴァン・ビューレンの政策が、ジャクソンのインディアン強制移住法を踏襲したものであることは事実だ。しかし、彼はそれを取り消そうとも、緩和しようともしなかった。有名な「涙の道」の逸話が生まれたのも彼の在任中だった。そもそも、これは西部のまだ入植者のいない「空白の」領地を開拓するための政策だった。だが、そこは実際には「空白の」土地ではなく、無数の先住アメリカ人部族の故郷だった。1838年、1万8000人のチェロキー族がジョージア、テネシー、サウスカロライナ、そしてアラバマの領地から移住させられ、新たなオクラホマの居留地へと向かう旅の途中、約4000人が死亡した。

また、スペインの商船アミスタッド号に乗せられた奴隷たちを、その所有者に返還すると決断したことについても、ジャクソンを責めることはできない。その前年、奴隷たちは反乱を起こし、船を乗っ取った。彼らは北へ航行し、アメリカの軍艦に捕まって港へ連行され、そこで運命を決める法の審判を待っていた。スペインの怒りをかいたくなかったマーティン・ヴァン・ビューレンは、船と奴隷たちを同国へ引き渡すように命じたが、そこへ司法が介入し、奴隷たちは最高裁判所の判断により、最終的に自由の身となった。

ウィリアム・ヘンリー・ハリソン（在任1841年）

ウィリアム・ヘンリー・ハリソンの大統領在任期間は、まさに瞬くまに終わり、彼が死去するまでのわずか32日間だった。しかし、ハリソンは史上もっとも長い就任演説を行なった。側近たちに短縮されたにもかかわらず、それは2時間近くも続いた。だが、寒さと雨の中で立ち続け、演説を行なったせいで風邪を引いたハリソンは、数日後に肺炎を起こし、あっけなく命を落とした。

ティペカヌーの戦い

ハリソン大統領には何か厄介なことをしでかす時間はほとんどなかった。彼は大統領としての時間の大半を死の床となったベッドの上で過ごした。68歳だった彼は、おそらく愛人をもったり、騒ぎを起こしたりするのにはやや歳をとりすぎていた。そもそも、彼は若い頃からあまりスキャンダルを提供するタイプではなかった。ただ、彼がかつてインディアナの先住アメリカ人に対する戦争で英雄となったことは、今日では非難を呼びそうだ。「オールド《老》・ティペカヌー《ティペカヌー》」という彼のあだ名は、このティペカヌーの戦いでの勝利に由来している。

ジョン・タイラー（在任1841–1845年）

ハリソンの死はアメリカに衝撃を与えた。大統領の体調不良がより広く知られていたはずのワシントンにおいてさえ、こんな結末がこんなに急にやって来るとは誰も予想してい

「オールド《老》・ティペカヌー《ティペカヌー》」のあだ名は、1811年、若きウィリアム・ヘンリー・ハリソンが政府軍を指揮し、ティカムセ酋長率いるインディアナの部族同盟との戦いで勝利をおさめたことに由来する。

なかった。当然、これは前例のない事態だった。副大統領のジョン・タイラーが暫定的に大統領の職務を引き継ぐという一般的な合意はあったが、彼がそのまま大統領に就任すると思った者はほとんどいなかった。もしこの地位にもっとも近い人物がいたとすれば、それはハリソンがホイッグ党（近代化と経済保護主義を支持する政党）の候補者指名争いでかろうじて破ったヘンリー・クレーだっただろう。クレーはもし自分が大統領にならなくても、「陰の実力者」になることを期待していた。だが、その思惑は唐突に断ち切られた。

みずから任じた大統領

というのも、タイラーには別の考えがあったからだ。彼はまさに大統領の地位を強奪したと言っても過言ではないだろう。彼の行動はハリソンの死と同じくらい、ワシントンを呆然とさせた。タイラーは周囲が知らないうちに、みずからの大統領就任演説を行なった。つまり、彼は人びとが好むと好まざるとにかかわらず、事実上の大統領となった。議会の上下両院にできたのは、彼にその地位を承認し、「大統領万歳」を熱唱することだけだった。

副大統領は大統領に「すぐにでもなれる存在」――現職者が死亡した場合、自動的にその地位を継承する――という現代の見解は、比較的最近のものである。それは1967年の憲法修正第25条によってはじめて正式なものとなった。もちろん、タイラーの自己任命行為はその後の副大統領たちに前例をつくることとなったが、彼の強引な「クーデター」にはやはり疑問が残る。

ジョン・タイラーが大統領の座を手に入れた方法はクーデターも同然だった。だが、それにより、彼は現職者が死亡した場合、副大統領が自動的に政権に就くという伝統を確立した。

タイラーに対する反発は消えなかったが、それには別の角度からの攻撃が必要だった。当然ながら、クレーはけっして彼を許さなかった。1837年の経済恐慌がもたらしたような株式市場の混乱を防ぐ手段として、国立銀行を創設しようとしたホイッグ党の計画に対し、大統領が拒否権を行使したとき、クレーは彼を党から除名する動きを先導した。タイラーは動じなかったが、彼の度重なる拒否権の発動はしだいに人びとの

下：ニューヨークの税関は汚職官吏にとって格好の収入源だった。タイラーを批判する者たちは、彼がその犯罪を摘発しようとして、憲法上、不適切な行動をとったと主張した。

不信をまねいた。それが非民主的な態度であることは明らかで、とくに選挙で選ばれたわけではない大統領においてはなおさらだった。ついに、元大統領のジョン・クインシー・アダムズがタイラーの弾劾を要求した。しかし、結果として、タイラーはその難局をなんとか切り抜けた。彼は平然とした態度で、大統領拒否権が憲法において明確に規定された権利であることを指摘した——大統領としてその権限をもっているなら、それを使って何が悪いのか。反対者たちは彼がニューヨーク税関における大規模な詐欺の疑いを調査するため、私人を雇ったことを不適切だとして訴えたが、これもあまり成功しなかった。いったい彼は法律を守るという憲法で規定された責務を果たしたことになるのだろうか。

第3章
国家の分裂

アメリカは急速に発展していた――続々とやって来る移民によって人口が増加し、西部開拓にともなって地理的範囲が拡大し、経済的・政治的影響力もますます強まっていた。当然ながら、それは政治的複雑さを加速させ、多くのものを危険にさらしながら、権力闘争が激化していった。

左：ジェームズ・ポークはその共和国が明らかに理想主義を脱却したとき、冷酷なほどの有能さを見せた。フランクリン・ピアース（上）は立派な人物ではあったが、その政権はあまり有望ではなかった。

「その職務を誠実かつ入念に果たす大統領は余暇をもてない」

1845年、そこにはこの国がまだ小さな交易都市や農村の寄せ集めだった頃を覚えている人びとが生きていた。実質的には未開の地だった内陸の広大さに圧倒されて、13植民地は大西洋岸から離れようとしなかった。それは実際、自信に満ちていたはずの新しい連邦国家も同じだった。1803年のルイジアナ購入により、少なくとも理論上は現在の「中西部」と「最南部」を手に入れたが、「所有すること」と「居住すること」はまた別だった。しかし、19世紀が進むにつれて、「若者よ、西へ向かえ」の呼びかけが高まり、入植者たちはアパラチア山脈を越えて新しい領土へ流れ込んだ。アメリカはあらゆる面で急速に発展していたが、国が大きくなるにつれ、政治的分裂の傾向も強まり、汚職の影も忍び寄っていた。

ジェームズ・K・ポーク（在任1845–1849年）

歴史の大部分は「闇」である。指導者たちは崇高な目的を追い求めながらも、ときには残酷なほど現実的でなければならなかった（その明らかな例が第２次世界大戦である）。彼らの目的は必ずしも理想主義的だったわけではない――そうでなければ、本書のようなものに出番はない――が、実際のところ、優れた政府がつねに美しいとは限らない。外交政策の厚かましさが目に余る場合もあれば、その厚かましさが畏敬の念を呼ぶ場合もある。

1846年、メキシコの「侵略」行為が米墨戦争の口実として利用されたときもそうだった。南下した合衆国軍はメキシコ領を意図的に侵攻し、メキシコ軍は無謀にもそれを阻止しようとした。そうした理不尽な攻撃が許されるはずもなく、アメリカの新聞各社は一斉に怒号を上げた。当然の結果として、両国は戦闘状態に入った。

もちろん、両国の間には何年も前から問題があった。1820年代以降、アメリカの入植者たちは（メキシコの見方によれば）テハス《Tejas》の広範囲に及ぶ国境地域に忍び込んでいた。1836年、アメリカ政府の少なからぬ後押しを受けて、彼らはついに立ち上がり、テキサス共和国の独立を宣言した。アラモ伝道所の防衛は、卑しい日和見主義が人びとの自己犠牲的な勇気によって美化される結果となった例である。

米墨戦争は土地の強奪にほかならず、しかも、その規模はメキシコ領のほぼ半分に及んだ。不運なメキシコはテキサスばかりか、現在の「アメリカ」西部や南西部（ワイオミング、ネヴァダ、ユタ、コロラド、カリフォルニア、およびアリゾナとニューメキシコの大部分）の領土を失った。実際、軍事的にいえば、それは赤子の手をひねるようなもので、当時のメキシコは政治、経済ともに慢性的な危機状態にあった。

完璧な大統領？

要するに、ポークはでっち上げの口実によってアメリカを戦争へ導いた。今日ならこれはスキャンダルかもしれないが、当時はそうではなかった。彼は公式声明でまぎらわしい発言をすることで知られていた。それはめず

ブエナ・ヴィスタでの勝利（1847年）は、アメリカ軍が大規模なメキシコ軍を大砲によって打ち負かした戦いで、それはジェームズ・ポークばかりか、彼の後継者となるザカリー・テイラーにとっても大きな成功だった。彼はその日、戦場で合衆国軍を指揮していた。

らしいことでも不思議なことでもない。政治家というのはそういうものだ。ポークがスキャンダルらしいスキャンダルに直面したとすれば、それは彼の政権が3万5000ドル（現在の100万ドル）もの公金——つまりは税金——を、民主党寄りのワシントン・グローブ紙へ密かに流したことだった。そのときでさえ、彼は100年後に「否認権」として知られるようになるものを本能的に理解し、自分がいかなる判断にも関与しておらず、いかなる書類も見せていないことを明確にした。そういうわけで、ジェームズ・K・ポークはまったくスキャンダルに影響されない政治家だった。では、彼は完璧な大統領だったのだろうか？　そうかもしれないが、彼はとくに印象に残る人物ではない。善良な男だったのかもしれないが、これに同意する者は少ないだろう。

ザカリー・テイラー（在任1849–1850年）

アメリカ国民はつねに軍人政治家に共感をよせてきた。それは彼らの力量がもっとも過酷な舞台で実証済みだったからだけではない。概して、彼らは率直で活発で実務的で、職業政治家にありがちな曖昧な態度とは無縁のように見えるからだ。最近ではコリン・パウエルがその例で、彼は1990年代に有力な大統領候補に挙げられた。ただ、もっとも有名なのは、やはりアイゼンハワーだろう。もちろ

奴隷制をめぐる戦い

米墨戦争を引き起こしたポークの行為は、たしかに道徳的には許されるものではないが、この大胆な企てが一種のスキャンダルのように記されているのを見たら、彼も驚くだろう。これらの西部州に住んでいる今日の州民たちも、あのままメキシコに属していた方が良かったとは思っていないはずだ。

ただ、われわれが気にくわないのは、白人地主が奴隷労働者を使う権利をポークが強く擁護しようとしていた事実だ。ノースカロライナ出身のポークは、一族の大農園とともに50人以上の奴隷を受け継いでいた。彼は生涯をとおして奴隷を所有し、しかも奴隷制の熱心な支持者だった。テキサスの入植者たちのメキシコに対するおもな不満は、1821年に同国が奴隷制を廃止したことにあった。それは逃亡奴隷にとっての聖域にもなったため、その動きは南部全体に深刻な不安要素をもたらした。

虐待は南部の奴隷制度とは切っても切れないものであり、何千人もの奴隷たちが命がけで逃亡した。しかし、アメリカはそうした非道な行為を排除するどころか、彼らの聖域を奪うための措置を講じ、これが米墨戦争のおもなきっかけとなった。

ん、この伝統はジョージ・ワシントンに始まったとする主張もある。しかし、彼は「時の英雄」ではあったが、その後継者たちに感じられたような「新鮮味」はなかった。アメリカ国民はまだ庶民的な普通の政治家に幻滅する機会をもたなかったが、ワシントンの支出申請に少しも「無邪気」なところがなかったのは事実である。

だが、「オールド・ラフ・アンド・レディ《暴れん坊おやじ》」と呼ばれたザカリー・テイラーは、本当に俗気のない人物だった。1788年、革命の余波の中で生まれた彼は、成長して兵士となり、政治にはとくに関心がなかった。彼は1812年の米英戦争をはじめ、先住アメリカ人に対するブラック・ホーク戦争やセミノール戦争といったいくつもの戦争で国のために戦った。1847年2月、彼はメキシコ北部のサルティヨで国民的英雄の地位を確かなものにした。彼はメキシコの大軍（とはいえ、武器の数ではひどく劣っていた）を相手に小さな合衆国軍を勝利へ導き、米墨戦争に転機をもたらした。

それまで、テイラーはみずからの政治的見解を表明しようとしなかった。1848年に62歳で大統領候補となったときも、彼は投票さえしなかった。（選挙人名簿に登録するほど長く1つの場所に留まることがなかった）。彼は友人に宛てた手紙でも、「私には果たすべき個人的目的はない」と述べ、その決意をこう説明していた――「築くべき党の計画もないし、罰すべき敵もない。私の国以外に仕えるものはない」。そんな彼が最初に態度を明確にしようと思い立ったのは、健全財政の必要性を感じたからだった。彼はアンドルー・ジャクソンが12年前に第2合衆国銀行を潰させたとき、ひどく腹を立てた。

逆説的ではあるが、テイラーの俗気のなさは彼の政治家としての1つの要素だった。彼の態度はつねに率直だったが、それでもなんとか曖昧であろうとした。彼は奴隷所有者だったが、奴隷制の西部州への拡大は支持していなかった。これは北部の多くの人びとが思っていたような道徳的理由からではなく、実利的な理由からだった。すでに分離論の風潮が強まっていた南部で、彼は州の権利を擁護して支持を勝ち取った。その一方で、アメリカ国民の団結を訴えて北部でも大きな支持を得た。意図的にだまそうとすることなく、彼はすべての有権者に受け入れられた。それになんと言っても、彼は国民的英雄だった。

ガルフィンの主張

もしテイラー大統領があまりに世間離れした老人で、過去の遺物のようだったとしたら、彼の政権にとって唯一重大なスキャンダルをどう考えればいいだろう。ジョージアのガルフィン一族が4万3500ドル（現在の130万ドル）もの大金を要求したことの発端は、はるかイギリス統治時代にさかのぼる。彼らの先祖ジョージ・ガルフィンは交易商で、クリ

「オールド・ラフ・アンド・レディ《暴れん坊おやじ》」と呼ばれたザカリー・テイラーは、本当に俗気のない人物だった。1788年、革命の余波の中で生まれた彼は、成長して兵士となり、政治にはとくに関心がなかった。

左：ブエナ・ヴィスタで勝利をおさめたザカリー・テイラーは、世間の賞賛を政治的資本に変えることができた。彼は自分に「しがらみ」はなく、どんな既得権益とも無縁の職業軍人であることをアピールした。

ーク族とチェロキー族が自分に支払うはずだった金の債権をイギリスに主張した。イギリスはこれらの部族が明け渡した土地を売って得られる利益から、彼にこの金を払うと約束した。革命戦争が終わると、ジョージアの先住民族は住み慣れた土地を追い出されたが、ガルフィン一族はなおも金の支払いを求めた。そして驚くべきことに、1848年、合衆国政府は最終的にこれを了承した――つまり、借金を支払った。

しかし、ガルフィン一族はそれでは満足しなかった。というより、彼らの代理人だったジョージ・W・クローフォードはこれに不満で、彼は73年分の利子を求めて争うことに同意した――利子が支払われた場合、彼がその５割を受け取るという条件で。クローフォードはテイラーの陸軍長官に任命されたが、それでこの利害の対立が解決するわけではなかった。彼は閣僚仲間の財務長官ウィリアム・メレディスにその支払いを認めさせたが、会計監査官が請求を許可しなかった。クローフォードはもはや許容範囲を超える行動に出て、メレディスにふたたび支払いを認めるように迫った。メレディスはあっさり監査官の決定を覆し、ガルフィン一族は利子を、クローフォードは「分け前」の10万ドル（現在

1848年の選挙が近づくなか、ホワイトハウスを狙うザカリー・テイラーの優位は明らかだったため、風刺画家は投票が始まる前から彼を「ボス」と呼んだ。

その日、大統領がどこで何をし、何を食べたのかについての公式記録は非常に大雑把で、役に立たなかった——誰もそんなことが問題になるとは思いもしなかったからだ。

の290万ドル）を手に入れた。

残念とはいえ当然ながら、この話はテイラー政権にひどいダメージを与えた。大統領が自分の部下のしていることに気づいていたとは誰も思わなかったが、その事件は彼の力量と判断力に疑問を投げかけた。テイラーの高齢と世間知らずは彼を攻撃する材料となり、突然、彼は体力が衰え、物事にうとくなったようだった。

大統領の毒殺？

ザカリー・テイラーは高齢だったとはいえ、1850年の独立記念日の公式行事ではまったくの健康体に見えた。彼は冷たいミルクとチェリーの軽食を出されたというが、それから数時間のうちに一般市民からも別の軽食を提供されたことはほぼ明らかだ。すぐに何も食べられなくなり、重体に陥った彼は、どうやら胃腸炎に襲われたようで、7月8日に死亡した。大統領のあまりにも突然の死にさまざまな憶測が飛んだ。その日、大統領がどこで何をし、何を食べたのかについての公式記録は非常に大雑把で、役に立たなかった——誰もそんなことが問題になるとは思いもしなかったからだ。噂はその後も消えず、ついに1991年、彼の遺体が掘り起こされ、砒素の検査が行なわれた。その結果、ザカリー・テイラーの死は毒殺ではないこと、少なくとも砒素による毒殺ではないことが判明した。死因は彼が飲んだミルクにあったというのが可能性としてもっとも高いようだが、重要人物が謎の死をとげると、つねに陰謀説が出まわるもので、それは今も盛んに続いている。

ミラード・フィルモア（在任1850–1853年）

1850年にテイラーが死去すると、急遽、副大統領のミラード・フィルモアがその後継者に就任した。だが、彼は大統領としては退屈な人物である。後世の人間（そして当時の北部の奴隷制廃止論者）から見ると、彼が前任者の逃亡奴隷法を熱心に支持したことは1つのスキャンダルだった。これは奴隷の所有者が逃亡奴隷を追跡して捕まえる権利を再確認し、良心的理由から捕縛に手を貸すのを拒んだ役人たちを罰するものだった。実際、これはスキャンダルである。フィルモア自身はそれほど頑固な人種差別主義者ではなく、ただ静かな生活を望むだけの冷たい統治者だったようだが、これが有利な事実かどうかはわからない。「神はご存知だが、私は奴隷制を嫌悪している。しかし、それは既存の悪であり、（中略）われわれはそれを認め、それに憲法で保証された保護を与えなければならない」と、彼は友人への手紙に書いている。

浴槽の話

批評家のH・L・メンケンが考え出した「浴槽のほら話」は、どうしてもフィルモアの話でなければならなかった。他の大統領で

ミラード・フィルモアといえば1850年の逃亡奴隷法が有名だが、これは逃げた奴隷の捕縛を公の「義務」とするものだった。積極的であれ受動的であれ、逃亡者に手を貸したと見なされた役人は法で罰せられた。

は、実際の事件や本人の個性が邪魔になって、その冗談が生きなかったのだろう。1917年、メンケンはまったくのいたずら心から、ニューヨーク・イヴニング・メール紙に浴槽の歴史と称する記事を発表した。メンケンによれば、浴槽がはじめてアメリカに紹介されたのは1850年のことだったが、不衛生な状態に慣れきっていた人びとはこれに大きな抵抗を感じた。医師から入浴はリューマチなどの病気を進行させる恐れがあると警告されていたことも、その原因だった。人びとの態度を変えるには、大統領の政治家らしい介入が必要だった。そこでフィルモアはホワイトハウスに浴槽を取りつけた。それはとくに見事な浴槽で、全体が鉛で裏打ちされ、縁には彫刻を施されたマホガニーの枠がついていた。

その後は知ってのとおりである。メンケンのこの話は史上最大のほら話の１つとなった。1949年、彼自身が（やや困惑しながらも）自負と驚きをもって当時をふり返り、この話が「冗談ではなく事実として、また新聞だけでなく、公文書をはじめとする重要書類においても」、いかにすんなり受け入れられたかを思い起こした。インターネット時代のはるか昔、ふざけた冗談が本当の歴史として信じ込まれ、本来ならもっと分別があったはずの研究者の間にさえ広がったのである。

左：ミラード・フィルモアはアメリカのもっとも退屈な大統領という称号を狙える人物だ。彼が自慢できるところといえば、ホワイトハウスに最初に浴槽を取りつけたことだろうが、面白いことに、それは作り話だった！

フランクリン・ピアース（在任1853–1857年）

歴史家の一般的な評価によれば、「二枚目フランク」は合衆国大統領としては落第生だった。彼は不道徳でも愚かでもなく、非常に立派な男だったが、それゆえに困難がともなった。何十年も前から、アメリカは「合衆国」とはいうものの、奴隷所有と州権をめぐって分裂状態にあり、それがしだいに激しい内戦へと発展していった。テイラーとフィルモアは両派を満足させようとして、どちらも板ばさみに苦しんだ。しかし、そもそも妥協の候補者だったピアースは、大統領就任の宣誓を行なう前からすっかり沈み込んでいた。

政治家にしては鷹揚で温厚だった彼は、明るく社交的な性格で、演説の名人でもあった。だが、彼には内気な一面もあった。妻のジェーン・アップルトン・ピアースもひどく気弱で、彼女は夫が政界に入ることをけっして喜んではいなかった。（噂によれば、彼女は夫と一緒にいて幸せだったことは一度もなかったという）。要するに、彼らはアメリカの「大統領夫妻」にふさわしいという感じではなかった。

２人は境界性の鬱病だったようだ。３人の息子のうちの２人を幼くして亡くし、三男のベンジャミン（愛称ベニー）も彼らの目の前で命を奪われた。一緒に乗っていた列車がマサチューセッツ州アンドーヴァーで脱線し、

右：ジェーン・ピアースは、鉄道事故による三男ベニー（ここでジェーンと写っている）の悲劇的な喪失からけっして立ち直ることができなかった。それは夫の大統領職を始まる前から脱線させる出来事だった。

格安のキューバ

1854年、ピアース政権は、当時スペインの植民地だったキューバを購入する計画を思いついた。彼らは1億1000万ドルを提示するつもりだったが、それはキューバがカリブ海において戦略的意義をもつばかりか、そのタバコ農園だけでもはるかに高い価値をもつことを考えれば、格安の買い物だった。もしスペインが売却を渋るようなら、政府は奴隷暴動を口実にキューバへ介入し、武力でこれを奪う計画だった。結果として、奴隷廃止論者たちがこれを嗅ぎつけ、計画の化けの皮がはがされたわけだが、彼らはキューバがアメリカに編入されれば、新たな奴隷州として政治的均衡を揺るがす恐れがあると考えた。ちなみに、新聞各社はピアースを無謀な略奪者と書きたてたが、それはひどく不当な評価だった。たとえその計画が実行されていたとしても、約10年前にメキシコを攻撃したポークに比べれば、ピアースの企てはそれほど略奪的だったとはいえないからだ。

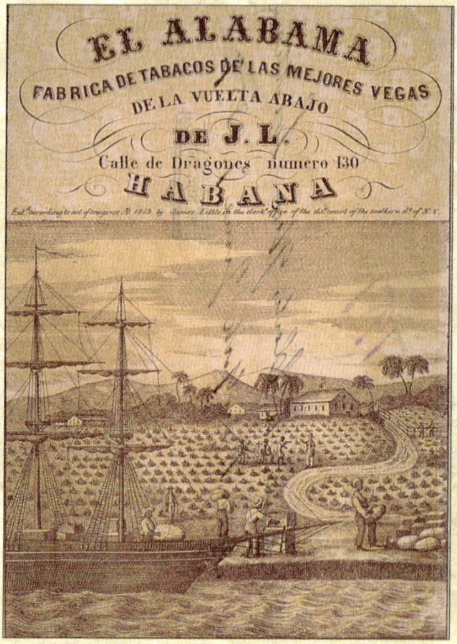

キューバは砂糖と葉巻の生産が魅力だったが、その戦略的意義も計り知れなかった。一方、キューバがアメリカに編入されれば、奴隷州の勢力を増大させることは明らかだった。

土手から転落して、夫妻は息子が激突死するのを目撃することになった。しかも、その事故が起きたのはフランクリン・ピアースの宣誓就任式のわずか2カ月前のことだった。どんなに気丈な夫婦でもわが子の死には打ちのめされたはずだが、彼らにはその喪失から立ち直る時間も、あるいはそれを十分に悲しむ余裕もなかった。

酒に溺れて

息子を失ったショックとファーストレディーという望まぬ役割の間にあって、ジェーンはもはや戦うことを完全に諦めていた。「ホワイトハウスの影」と呼ばれた彼女は、公の場にはほとんど姿を見せなかった。一方、フランクリンは大量のアルコールの助けを借りて、なんとか物事をおさめていた。これは彼とジェーンとの間の溝をさらに深める結果と

さらに、人びとが同情する一方で、大統領はワシントンの笑い種にもなった——そこでは誰もしらふの彼を見たことがないようだった。

なった。彼女は酒を飲まないばかりか、禁酒運動の登録メンバーとして飲酒をひどく嫌悪していたからだ。さらに、人びとが同情する一方で、大統領はワシントンの笑い種にもなった——そこでは誰もしらふの彼を見たことがないようだった。当時は核の引き金こそなかったが、それでも大統領の職務は責任重大で、とても酔っ払いに果たせるような仕事ではなかった。したがって、ピアースが２期目の指名を獲得できなかったこと、あるいは彼が「私には酔っ払う以外に何も残されていない」と明るく応じたことは、それほど意外なことではなかった。

ジェームズ・ブキャナン（在任1857－1861年）

厳密に歴史的な見方をすれば、ブキャナン政権のもっとも重大な「スキャンダル」は、彼が南部の分離論という化膿した傷口に包帯を巻かなかったことである。前任者たちと同様、彼は合衆国の保全に必死になるあまり、多くのものを失ったという責任がある。だが、ブキャナン政権の責任は、選挙献金と引き換えに政府の契約を与えるという汚職に対してもあった。これは伝統的な不正行為だったが、その規模はかつてないほどだった。印刷契約はとくに盛んで、政権の支持者たちはちょっとした仕事で大金を受け取っていた。彼らは事実上、紙幣の印刷免許を与えられていたようなものだった。

ブキャナンの陸軍長官だったジョン・B・フロイドは、救いがたいほど腐敗していたが、同時に奇妙なほど無邪気でもあった。彼は自分が犯した不正取引の意味するところを完全に理解していたとは思えない。

Mr. President, if you don't surrender that fort at once; I'll be blowed if I don't fire.
PEACE MAKER.
U.S.

ブキャナン自身はそうした不正にかなり消極的だったようだが、大統領の関与に消極的も何もないだろう（「正直者」のジョン・コヴォード率いる下院委員会に対する彼の恥ずべき対応には、どんな言い訳も考えつかない。だが、彼らの正当な批判は合衆国大統領の品位を汚す非愛国的な攻撃として片づけられた）。しかし、ブキャナン政権最大の汚職は陸軍長官ジョン・B・フロイドによるものではないだろうか。ただ、彼は明らかな悪党というより、むしろ気が弱く、親切すぎる男だったように思われる。頼まれると断れないタイプだった彼は、政府の代わりに支持者から法外な金額で僻地を買い取り、まだ存在さえしていなかった軍の売買契約にもとづいて債権を売った。だが、彼は受け身ではありながらも、あくまで目的を貫いた。困惑したブキャナンは長官を牽制したが、彼はそれを無視して不正を続け、ついには辞職を迫られた。それでも、彼は堂々と自分はみずからの信念で辞めるのだと主張した。

一方、ブキャナン自身に関していえば、その性的傾向には疑問がある。生涯独身を通した唯一の大統領であるブキャナンだが、1819年、政界に入ったばかりの頃に一時婚約していたことがあった。だが、相手の女性は婚約を解消し、その直後に亡くなった。彼女はアン・キャロライン・コールマンという裕福な実業家の娘だったが、その死は自殺だったともいわれている。医師によれば、彼女はアヘ

この1861年の風刺画で、分離論者のサウスカロライナ州知事フランシス・ピッケンズは、彼が今にも点火しようとしている大砲の前に立つブキャナン大統領に対し、「火をつけないと私が吹き飛ばされる」と言っている。

JAMES BUCHANAN,

DEMOCRATIC CANDIDATE FOR FIFTEENTH PRESIDENT OF THE UNITED STATES.

ンチンキ（アヘンとワインを混ぜたもので、当時は睡眠補助薬として一般的だった）を過剰摂取したらしい。ブキャナンは二度と結婚はせず、彼女の思い出に忠節を守ることを誓った。これは気高い自己犠牲だったのか、それとも彼の本能的な欲望だったのか。

というのも、ブキャナンはワシントンの社交界で女性たちと気楽な（そしてしばしば浮ついた）関係を楽しんでいたものの、それ以上に親密な関係は望まなかった。実際、彼が住居をかまえたとき、ウィリアム・ルーファス・キングという男性が一緒だった。ルーファスはアラバマ州の上院議員で、その後、上院議長代行を務めた。奇妙にも深い愛情で結ばれていた２人は、15年にわたって家を共有し、離れ離れになったのはブキャナンが大統領としてホワイトハウスへ移った時期だけだった（ブキャナンは姪のハリエット・レーンにファーストレディーとしての接待役をまかせていた）。２人の関係は当時からちょっとした噂のまとだった。年老いたアンドルー・ジャクソンはルーファスを「ミス・ナンシー」と呼び、他の者たちは彼を「ミス・ファンシー」と呼んだ。ブキャナンの郵政長官だったアーロン・V・ブラウンは、２人を「ブキャナンと彼の妻」と言って友人たちに話した。だが、ブキャナンはそうした冷やかしに怒るどころか、それを楽しんでいたようだ。ルーファスが公用でフランスへ行かなければならなかったとき、ブキャナンは孤独を訴え、ある手紙にこう書いた――「私は今、１人ぼっちでとても寂しい。家には誰も話し相手がいないし、数人の紳士を口説いてみたが、誰ともうまく行かなかった」

左：ブキャナンの時代の人びとが彼の私生活をあれこれ噂していたのは明らかだ。しかし、われわれにとって興味深いのは、彼らの好奇心がいかに理性的で、いかに大統領のプライバシーを尊重していたかである。

年老いたアンドルー・ジャクソンはルーファスを「ミス・ナンシー」と呼び、他の者たちは彼を「ミス・ファンシー」と呼んだ。

アメリカの第15代大統領は「ゲイ」だったのだろうか。答えは人によって異なるし、確かなことはけっしてわからない。彼とルーファスが共同生活を送っていた時期、寝室の問題がとりざたされることもなかった。歴史家たちは２人の関係をあまり深読みしないように牽制している。独身であることはけっして異常なことではなかったし、当時の男性は今よりもずっとはっきり相手に感情を示したという。たしかに、急進的なゲイの学者たちによれば、同性愛は19世紀のアメリカではごく一般的で、多くの男性――なかには社会的地位の高い者もいた――が同性愛者だった。今よりも礼儀が重んじられた時代、人びとは必ずしも政治家の私生活を批判しようとはしなかったし、日刊紙で内輪の恥を見てやろうともしなかった。その結果、こうした「公然の秘密」が簡単に容認され、誰も事を荒だてようとはしなかった。

落下

人びとは他に心配事がなかったわけではない。アメリカはまさに分裂への道を滑り落ちようとしていた。10年以上にわたって大統領たちをふりまわしてきた緊張が、ついに限界に達していた。サウスカロライナの連邦脱退とそれに続く南北戦争について、ブキャナンにどれだけの責任があったかを言うのは難しい。この章で紹介したどの大統領にも同じく責任があった。彼らはばらばらになろうとする合衆国を結びつけることに失敗した。いずれにせよ、ブキャナンの影響力は弱まっていた。1860年の民主党大会でも、彼は事実上、傍観しているだけだった。党内も分裂の危機にあり、選挙で共和党に対抗できる者はいなかった。共和党にはエーブラハム・リンカーンというカリスマ的指導者がいたばかりか、コヴォード委員会の報告書という重大な武器もあった。

ただの親友だったのか、それともパートナーだったのか。ウィリアム・ルーファス・キングはジェームズ・ブキャナンと15年間をともに暮らした。2人は「ブキャナンと彼の妻」などと冷やかされたが、彼らは実際に自分たちをそう思っていたのだろうか。

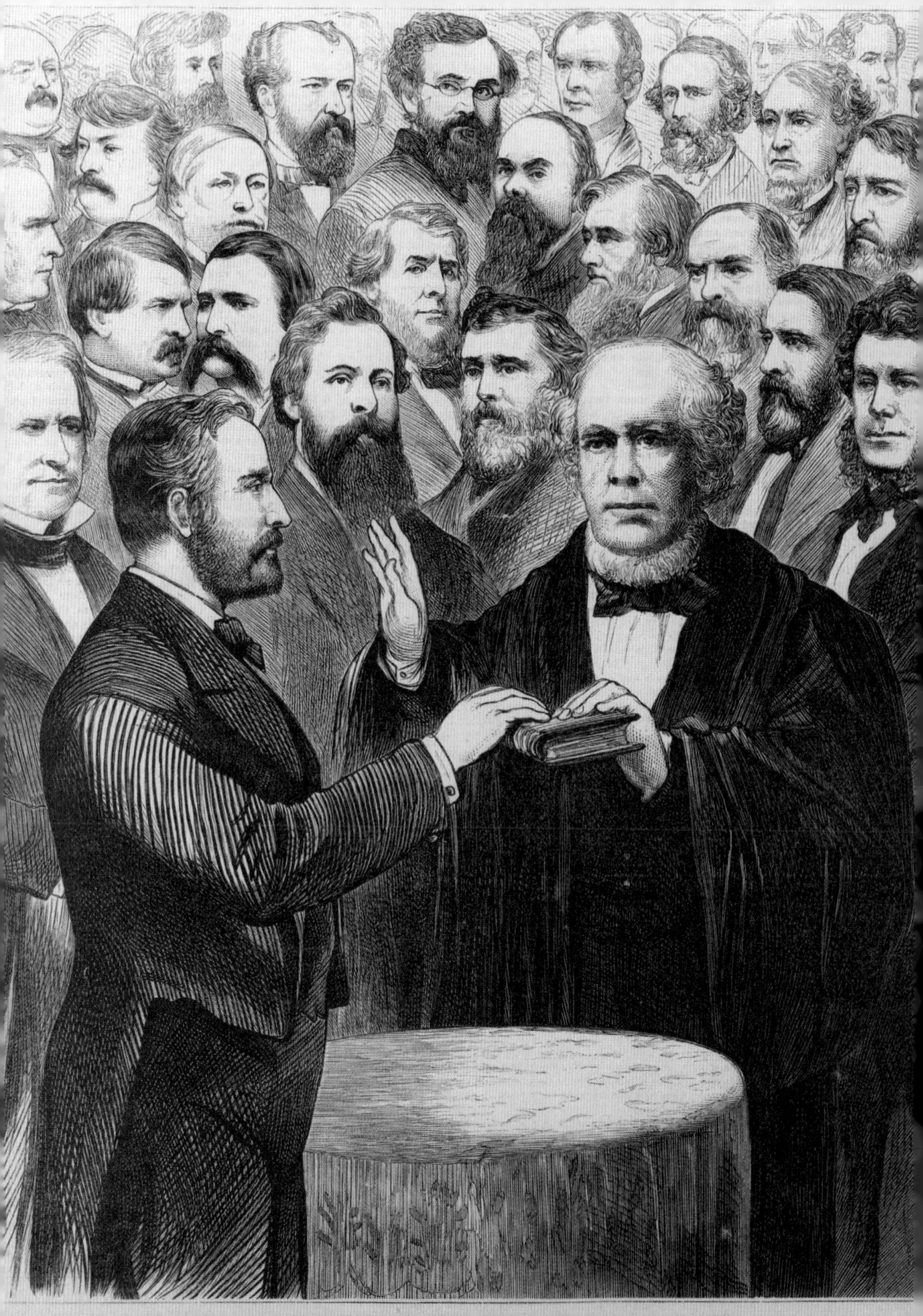

WASHINGTON, D. C.—THE INAUGURATION—PRESIDENT GRANT TAKING THE OATH OF OFFICE.—SEE PAGE 5.

第4章
南北戦争と再建

この国のもっとも暗い時期——そして新しい時代の夜明け——であった南北戦争は、アメリカ史における重大事件だった。一方で、スキャンダルも続いた。アメリカの危機は悪党にとっての好機であり、再建は抜け目ない詐欺師たちにとって金儲けのチャンスだった。

左：ユリシーズ・S・グラントはその就任式で大統領としての貫禄を見せたが、その後はずっと下り坂だった。エーブラハム・リンカーン（写真上）でさえ、汚職対策には遅れをとった。

「もし私が2つの顔をもてるとしたら、この顔はもたない」

アメリカ南北戦争は1861年4月12日に勃発した。その戦いは合衆国を引き裂いた。しばしば「最初の近代戦争」といわれるのは、それがただ「同胞による」戦いだったからではなく、工業生産された大砲や速射砲を使った戦争だったからだ。50万人以上の命が奪われ、数えきれないほどの人びとが負傷して手足の自由を失った。町や村も大きな痛手を受けた。それは普通の汚職事件がかすんで見えるほどの国家的な悲劇だった。しかし、だからといって人間の欲が働かなくなったわけではない。戦争の混乱にまぎれて、不正はそれまでどおり続けられ、むしろ倍増していた。

戦争は詐欺師にとって天の恵みだった。馬や飼料、食料、武器、弾薬、背嚢など、ありとあらゆるものが大量注文され、それが継続的に繰り返される。しかも、決定が細かく調べられることもない。大規模な契約が紙吹雪のようにばらまかれるなか、ちょっとした水増しに誰が気づくだろうか。そんな戦時の混乱は悪質な不正を引き起こす。この時期に交わされた調達契約の多くは実質よりもはるかに水増しされていた。歴史家のトマス・A・ベーリーによれば、ある契約では西部の3つの要塞が19万1000ドル（現在の480万ドル）という莫大な費用をかけて建設された。それは本来の3倍以上の金額で、ボストンのある購買代理業者は1週間で2万ドル（現在の50万2000ドル）もの手数料を荒稼ぎした。

エーブラハム・リンカーン（在任1861−1865年）

リンカーンは大統領というより「専制君主」だと彼の政敵は非難した。「人民の、人民による、人民のための政府」の提唱者は民主主義を独裁主義に変えていた。たしかに、それは否定しがたい事実だ。大統領就任後、リンカーンがまず行なったことの1つは、イギリス統治時代から続く「不可分の権利」である人身保護令状《Habeas Corpus》の差し止めだった。このラテン語は「身体の自由」を意味し、誰かが逮捕された場合、国は逮捕者を不当な拘禁から守るため、彼らをすみやかに出廷させ、短期間で告訴あるいは釈放しなければならなかった。ところが、リンカーンの政府は「カパーヘッド」――北部諸州の南部連合支持者――の疑いがある者たちを一斉検挙し、彼らを罪状も裁判もなく、無期限に拘留した。さすがに困惑したらしい大統領は、少なくともなんらかの「適正手続き」が行なわれるように特別軍事裁判を導入した。しかし、150年後のグアンタナモの被収容者の「裁判」がそうだったように、こうした裁判は極秘に行なわれ、引用された「証拠」もけっして明らかにされなかった。

さらに、民主主義に対する神の使いともいうべきリンカーンは、選挙の勝敗を左右する重要な州での投票を「監視させる」措置を講じた。リンカーンの共和党が派遣した完全武装の屈強な男たちに見張られて、有権者は投票の意思が示された色つきのカードをもって列に並ばなければならなかった。また、南部を支持する新聞社は閉鎖され、編集者は逮捕された。よくあることだが、沈黙を強いられたのはこうした直接の影響を受けた者たちばかりではなかった。リンカーンの政府は社会全体に恐怖の雰囲気をつくり出した。

汚職の長官

1862年１月11日、大統領は陸軍長官のサイモン・キャメロンに手紙を書き、「君の能力、愛国心、そして国民の信頼に対する忠誠を確信している」と述べた。長官は辞任を強く迫られ、実際、駐ロシア・アメリカ公使に左遷されようとしていた。そのため、リンカーンが彼にいくらか優しい言葉をかけようとしたのも理解できる。だが、自分と自分の政権に大きな不名誉をもたらした者に対して、こんな熱烈な推薦状を書くとは驚きである。というのも、キャメロンの管理下で汚職が蔓延していたからである。これはオネスト・エーブ《正直者のエーブ》と呼ばれたリンカーンのもっとも不正直な言葉の１つともいえるが、一部の歴史家は当時の状況をより大きな視点からとらえようとしている。

キャメロンの陸軍省が危機に際して大変な赤字を出しているという多くの証拠があったにもかかわらず、リンカーンはなかなかこれに対処しなかった。つねに堂々として傲慢でさえあったこの男が、周りの閣僚や職員たちから措置を講じるように迫られた。そして彼は、キャメロンが去った後に彼を擁護したことで困難な立場に陥った。

リンカーン自身が汚職に関与していたと考えるだけの理由はまったくないが、彼はいかなる基準からしても複雑な人物であったため、もしかしたら俗悪な陸軍長官に少しばかり同情しているのではないかといわれた。実際、キャメロンは魅力的な男だった。彼は刺激を求める「冒険家」であり、本能的な日和見主義者でもあった。彼の強引さと罪の意識に乏しい鷹揚さは、正直で慎重なリンカーンのようなタイプには興味深い存在だった。

先延ばしの名人

リンカーンは先延ばしの名人だったのだろうか。そうだったともいえるし、そうではなかったともいえる。リンカーンは南部連合国の奴隷解放に消極的だった。１つには、実際に法律が施行される前にそうしても、無意味なジェスチャーになるだけだと感じたからだ。南北戦争の初期に自由を手に入れた奴隷たちは、南部連合国が次々と危機に直面していくことに勇気を得たのは間違いない。だが、彼らはみずからの力で——基本的には北部へ逃亡することによって——それを果たしたのだった。大統領が長年、真摯に奴隷解放を求めてきたことは確かだが、彼の奴隷解放宣言には反発も多かった。彼は1862年、大きな損害を受けながらも、北軍の勝利が決定的となったアンティータムの戦いの直後にそれを発表した。だが、リンカーンがこのタイミングで解放の切り札を出したのは、事態がまったく自分の思いどおりに行っていなかったからだ。彼は南部をさらに劣勢へ追い込む必要が

つねに堂々として傲慢でさえあったこの男が、周りの閣僚や職員たちから措置を講じるように迫られた。そして彼は、キャメロンが去った後に彼を擁護したことで困難な立場に陥った。

あった。当面、作戦はうまく働いた。南部連合国のあちこちで暴動が起こり、経済は大打撃を受けていた。さらに20万人以上の元奴隷が北軍の旗のもとに加わった。

南部の心霊術者

立場上、ファーストレディーは明らかに特権的ではあるが、その運命はけっして安らかなものではない。内戦時はとくに過酷で、国の首都が２つの対立するブロックの断層線上にあるような場合はなおさらだ。実際、大統領の妻はまさに紛争の断層線上にあり、両陣営の板ばさみになっていた。ケンタッキー州レキシントンで生まれ育ったメアリー・トッド・リンカーンは、夫と固い絆で結ばれ、彼の忠実な支持者だったが、彼女はもう一方の陣営にも家族や友人との強い結びつきをもっていた。何人かが命を落としたとき、メアリーは当然ながら自分自身の悲しみと、南部連合国にいる親戚や友人たちの悲しみとを公平に受け入れることができなかった。とくに大統領夫妻は三男のウィリアム・ウォーレス（愛称ウィリー）を南北戦争前夜に発疹チフスで亡くし、次男のエディも11年前、ウィリーが生まれる直前に亡くしていたため、メアリーは戦いが始まる前から、すでに息子たちの死に打ちひしがれていた。彼女が死者の霊と交信するため、最初に心霊術にかかわったのはこのときだったようだ。リンカーンも、ホワイトハウスでのこうした心霊術会にときどき参加していたという話もある。

リンカーン一家は共同戦線を張ってはいるが、ある意味で分裂していた。メアリーは南部の故郷と南部連合の親戚に対して反対の立場を取ることで、大きな代償をはらわされた。

戦争の心の傷はあまりにも大きく、メアリーは重い鬱病になり、何日も続く頭痛に悩まされた。（これは本来、心因性のものと思われるが、彼女の乗った馬車が衝突事故にあい、彼女が頭を強打したことを考えるとそうとも言いきれなかった。これは夫のリンカーンを狙った初期の暗殺未遂事件のようだったが、実際、彼はそのときメアリーと一緒ではなかった）。彼女の鬱病は極端な情緒不安定を引き起こし、ときにはひどく興奮し、公衆の面前で大統領と口論することもあった。そうした場合、ちょっとした買い物で気分転換を図るというのは悪い考えではないが、メアリーはホワイトハウスに関する出費で批判をまねいた。とくに凝ったカーテンにこだわった彼女は、予算を6000ドル（現在の13万2000ドル）も超過した。

彼女はすでに家族との死別を普通の人以上

もともと情熱的で複雑な女性でもあったメアリー・リンカーンは、南北戦争において両陣営で愛する者を失った。そのうえ、彼女は勝利してなお夫を失うこととなった。

おそらく悲しみによって、文字どおり、正気を失ったメアリー・リンカーンは、未亡人となってから、ますます常軌を逸した行動をとるようになった。異常に金のことを心配した彼女は、自分の古着を競売にかけるためにセールを開いた。

に経験していたが、1865年には愛する夫を暗殺で亡くした。さらに、６年後には末息子のトマス・「タッド」・リンカーンも亡くなった。悲しみでまさに発狂した彼女は、何度も自殺を試みた。しかし、こうした絶望的な発作の一方で、彼女は夫がいかにこの国に貢献したかを十分認識してもらうことを決意し、みずからの「年金受給権」を確保するための長く、ときには見苦しい活動を始めた。だが、やたらと浪費したり、ひどく物惜しみしたりする彼女は、やがて「人びと」に自分の財産を奪われるのではないかと恐れるようになった。彼女がペティコートの裏に５万6000ドル（現在の100万ドル）もの財務省長期債券を縫いつけていたというのは有名な話だ。

　また、当時の多くの人びとがそうだったように、彼女は「死者」と交信したいという欲望にとらわれ、心霊術の活動にさらに深入りするようになった。

リンカーンの別の愛？

1873年、若き弁護士だったリンカーンは、スプリングフィールドの商店主ジョシュア・フライ・スピードと出会い、彼が店の2階にもっていたアパートで同居した。2人は固い友情で結ばれるようになり、リンカーンが大統領に就任したとき、彼はこの友人を政権に迎えようとしたが、スピードは裏方の役割を続けることを望んだ。数年前、この2人が恋人同士だったことを裏づける手紙が発見されたと騒がれたが、その証拠（もしそれがそうだとすれば）はまだ示されていない。リンカーンとスピードが互いの「愛」について不快なことを言ったという報告も、あまり深読みするべきではない——男がつねに男らしかったとは限らないし、当時は自己表現の仕方もまったく違っていた。また、彼らが遊説中に同じベッドで寝たという事実にも驚いてはならない。当時のアメリカはまだ未開拓の社会で、宿泊施設が少なかった。人びとはこうしたことを文字どおりに解釈した。

リンカーンと彼の「バックテール《擬似餌》兵」との関係についても、やはり偏見には注意すべきである。ただ、大統領とこのデーヴィッド・デリックソン大尉との関係は、当時でさえ噂をまねくほど親密だった。1862年から63年まで大統領の護衛を務めたその大尉は、ある側近の妻によれば、主人に「献身的」で、リンカーン夫人が留守のときはいつも彼とベッドをともにしたという。

一方、ビリー・グリーンはジョシュア・スピードよりもさらに昔、2人がまだ20代だった頃、セーレムでリンカーンとベッドをともにしたことを覚えていた。公正な立場でいうなら、この未来の大統領は「彼の太ももは最高だった」という（グリーンの言葉による）事実を忘れていたのかもしれない。だが、そうしたベッドの共有問題に関して、両者が必ずしも完全に潔白だったとは言いきれない。

ジョシュア・フライ・スピードは、若きリンカーンがイリノイで弁護士をしていた頃からの親友だった。研究者の中には2人が恋人同士だったと考える者もおり、実際、彼らは非常に親密だった。

アンドルー・ジョンソン（在任1865−1869年）

リンカーンの後継者は、好きになれないのはもちろん、褒めることさえ難しい政治家だった。彼はアフリカ系アメリカ人を平等に扱おうとする動きに対して、露骨に反対して悪びれない人種差別主義者だった。彼がリンカーンの副大統領候補に選ばれたのは、北軍を支持する南部人というその特殊な立場のせいだった。もちろん、彼が大統領になるとは誰も予想しておらず、リンカーンの暗殺はまったくの計算外だった。ジョンソンは南部の連邦脱退に心から反対していた。父親を亡くした後、貧困の中で育ったジョンソンは、支配的な大農園主階級に激しい憎しみをもつようになった。だが、その一方で、彼はまさにそうした階級の産物でもあった。1861年に国が内戦へ突入したとき、彼はこうののしった――「黒人野郎め、私はやつらの主人たち、不実な特権階級連中と戦うぞ」。

リンカーンの暗殺者ジョン・ウィルクス・ブースは、社会の落伍者でも負け犬でもなく、アメリカのもっとも成功した俳優の１人だった。しかし、彼は南部とその理想の熱烈な擁護者だった。

学校教育の欠如

アフリカ系アメリカ人に対する彼の考え方は、一連の演説において不愉快なほど詳しく説明された。1844年、彼は演説で「もし黒人を解放したら、次はどうなることか」と問いかけた。彼の答えはどうだったか。

1857年、彼はこう言った――主人と奴隷の関係は、白人と「母国の発展に無力な（中略）劣等人種」との間の唯一適切な関係だ。

左：アンドルー・ジョンソンが傍らのテーブルにジョージ・ワシントンの肖像画を置き、いかにも政治家らしいポーズをとっている。ジョンソンは自分がアメリカの遺産を受け継ぎ、戦後の統一をまかされた指導者であることをアピールした。

学校教育を受けたことがなかったジョンソンが、17歳のときに独学で読み書きを学んだことは賞賛に値するが、彼は誇りをもって無知をさらすような偏屈者になった。そうした状況では、彼が慈善家ぶった北部のエリートを憎む気持ちも理解できるが、同胞の黒人に対する彼の侮蔑はやはり許しがたい。

父親を亡くした後、貧困の中で育ったジョンソンは、支配的な大農園主階級に激しい憎しみをもつようになった。だが、その一方で、彼はまさにそうした階級の産物でもあった。

「黒人取締法」は、アフリカ系アメリカ人が建前としての自由しか手に入れられないことを明確にした。彼らは土地の所有も投票も許されず、地元の地主に求められれば、どんな仕事も拒否できなかった。

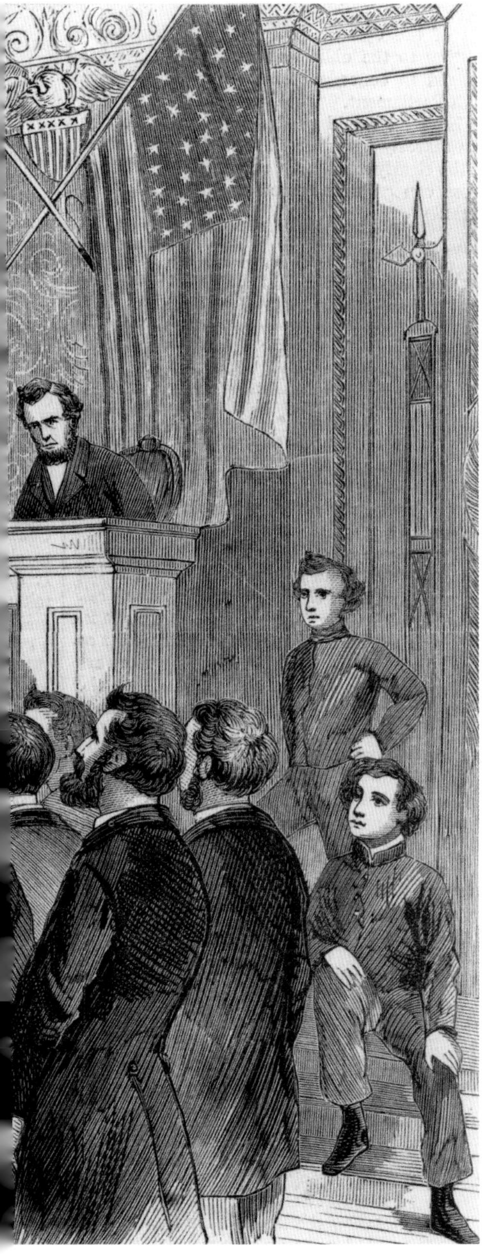

戦争が終わり、合衆国がなんとか復活すると、彼はすぐさま南部人気質に戻った。彼は白人が支配するかつての南部連合国の建設に懸命に取り組んだ。北部の共和党員たちは、南部諸州が十分に改心した今、過去のことは水に流すべきだという彼の判断をあまりにも性急だと感じた。ただ、公正な立場でいうなら、リンカーンもまた南部に寛大な態度をとっていた。しかし、1866年、ジョンソンは元奴隷に対する市民権を妨害するために大統領拒否権を用いるという、共和党にとって目に余る行為に出た。彼に任命された者たちが代わりに提案した「黒人取締法」は、アフリカ系アメリカ人を二流市民とすることを定めたものだった。彼らには平等を求める権利さえない——これが今や法律だった。ジョンソンはまた、極貧のまま取り残された解放奴隷に対する連邦の支援計画も妨げた。

再建とその不満

「再建」という言葉の意味はさまざまだった。南部が政治的・行政的に立ち直るまでにどれだけかかるかという問題は論議のまとだったが、ジョンソン大統領は1865年の戦争終結から数カ月もたたないうちに、再建が正式に達成されたことを宣言できると感じた。奴隷も解放され、新しい州知事も任命されて、他に何を望むというのか。しかし、議会の北部共和党員たちはこれに不服で、ジョンソンは事実上、連邦議会で彼の支持者とされていた一団と対立した。彼らは北部の「カーペッ

サディアス・スティーヴンズがジョンソンの弾劾手続きを締めくくっている様子。大統領訴追の立役者として精力的に働いたスティーヴンズは、重病の身で議場に入った。

あまりに頑なで譲歩の余地も与えなかった彼は、事実上、目の前の政治的プロセスから完全に孤立するようになった。彼の頑固さは結果として弱体化をまねいた。ジョンソンは1866年、「選挙区内の遊説」を行ない、みずからの地位を再建しようとした。

右：南北戦争はユリシーズ・S・グラントの全盛期だった。残念ながら、この立派な兵士は非力で無能な大統領となり、みずから集めた汚職官吏にいとも簡単に操られた。

トバッガー」［南北戦争後に私利を得ようと南部へやって来た北部人］と南部の「スキャラワグ」［南北戦争後に私利を得ようと共和党に味方した南部の白人］からなる独自の新しい州政権をつくった。どちらもその道義心や金銭上の高潔さにおいてきわだっていたわけではなく、再開発（鉄道や幹線道路、学校など）をめぐって巨額の資金が動くなか、汚職のチャンスを無限にもたらした。たしかに、不満をいだく南部人たちがそうした不正を非難するのは簡単だったが、その結果として生じる混乱に幻想をいだく歴史家はほとんどいない。

一方、大統領自身もこれをただ傍観していたわけではないようだ。そもそも、この「第2の再建」は彼の考えではなかった。その点で彼に歴史的な責任はない。しかし、ある意味で大統領はこうした事態を認識していたのであり、少なくともそれが彼の政権下で起きたのは事実である。あまりに頑なで譲歩の余地も与えなかった彼は、事実上、目の前の政治的プロセスから完全に孤立するようになった。頑固さは結果として弱体化をまねいた。ジョンソンは1866年、北部の主要都市を含

ユダヤ人への非難

グラントがあの一般命令第11号を作成したとき、彼は酔っていたのかもしれないが、その可能性は低そうだ。それは1862年11月、ヴィックスバーグ作戦の最中に出された。

その命令は、テネシー軍事省が支配する地域から全ユダヤ人を追い出すというものだった。当該地域における北軍の戦費が闇商人の活動によって損なわれているというのが、その「正当な理由」だった。古くからの伝統により、グラントはユダヤ人商人を非難した。リンカーンは後にその命令を撤回し、グラント自身も1868年の大統領選でそれを撤回した。グラントは反ユダヤ主義者だったのだろうか。それはその命令自体が物語っている。だが、一方で彼は個人的にユダヤ人と誠実でゆるぎない友情関係をもっていた。そのうちの何人かは彼が政界に入る前からの古い付き合いで、容易に日和見主義に走ったとは考えにくい。彼らの中には資本家のジェシー・セリグマンとジョゼフ・セリグマンも含まれており、後者はグラントが財務長官の第1候補にあげたが、彼は私的な理由から、そのポストを辞退した。

む「選挙区内の遊説」を行ない、みずからの地位を再建しようとした。これはかなりの強硬手段だった。当時はこうした遊説活動が候補者でさえまだ慣習とはなっておらず、ましてや現職大統領の「巡業」は不適切とされた。それはジョンソンにとって最悪の形ではね返ってきた。彼は何度か酔って登場したらしい（その真偽は定かでない）。扇動的な演説も北部の群衆をなだめるには役立たなかった。そして、演説を妨害する連中に彼が怒りをぶつけたことは、大統領からいっそう威厳を奪った。

弾劾

ジョンソンは陸軍長官のエドウィン・M・スタントンを罷免し、後任により従順なロレンツォ・トマス将軍を置くことによって、権威を強化しようとした。だが、議会は彼の決断を却下し、ジョンソンはその却下をさらに却下した。スタントンは文字どおり、オフィスに立てこもり、事態を静観していた。ジョン・タイラーにも弾劾要求があったが（関連ページを参照)、ジョンソン大統領へも弾劾手続きがとられた。結果として、彼はわずか１票差で弾劾をまぬがれたが、数人の上院議員が金や重要ポストと引き換えに買収されたという報告も根強くあった。

シャーマンの「海への進軍」（1864年）は南部に戦いを仕掛けたもので、南部連合の前線のはるか向こうの領土を激しく破壊した。こうした行為は南北戦争の終結を早めたが、何世代にもわたる憎しみを残した。

ユリシーズ・S・グラント（在任1869－1877年）

ユリシーズ・S・グラント将軍ほど、南北戦争で北軍の勝利に貢献した者はいなかった。南部に正義の勝利を痛感させたことにおいてもそうだった。再建時代、アフリカ系アメリカ人の権利を擁護し、クー・クラックス・クラン［白人至上主義による秘密結社］を撲滅するための軍事作戦で合衆国陸軍を率いたのも彼だった。当時、彼が北部で相当の英雄だったこと、そして1868年の大統領選で圧勝したことにはなんの不思議もない。だが、残念ながら、大統領としての業績は、そのあまりにも輝かしい軍人としての功績に比べると貧弱だった。彼の政権は汚職にまみれていた。

ただ、意外なことに、グラントは兵士としてでさえ、最初はぱっとしなかった。彼は陸軍士官学校を卒業したが、その成績はごく平凡なものだった。米墨戦争でも問題のない働きを見せたが、彼のキャリアは停滞していた。西部の僻地の駐屯地で、彼はアルコール依存症に陥った。これが深刻化したため、1854年、軍法会議を避けるために辞職を余儀なくされた。結局、グラントは実家へ戻り、父親の皮革店を手伝うことになった。もしその7年後に南北戦争が勃発しなかったら、彼はそのままそこにいただろう。北軍は兵士を選り好みできる状況ではなかった。大佐として入隊した彼は、すぐに実戦で頭角を現し、大将へと昇格した。

だが、彼がそれでも綱渡りのような危うい状態にあったのは、戦場での勝利の合間に、飲酒で時間（と威厳）を失っていたからだ。上官たちはこれを快く思わなかった。さらに、彼にはもう1つ不健康な習慣があり、1日に20本もの葉巻を吸っていた。ただ、戦闘が激化するなか、ゆったりと葉巻を吸う彼の姿は部下たちに大きな安心感を与え、晩年、その葉巻は彼のトレードマークになった。さしあたり、それが魔除けのお守りのようになり、グラントは素晴らしい勝利を重ね、1864年には総司令官に任命された。そのときでさえ、アルコールは問題だった。未来のファーストレディーとなるジュリアが監視役として従軍していたにもかかわらず、彼はいつも泥酔していた。

グラント政権は発足してわずか8カ月で、一連のスキャンダルの最初の事件にみまわれた。ただ、このフィスク・グールド事件は通常の意味では政府の汚職とはいえず、ジェームズ・フィスクとジェイ・グールドの2人の投機家による個人的な計略だった。当時、政府は適正な金《きん》準備をなさないまま、大量の紙幣を発行していた。それは南北戦争下の緊急措置としては正当化されたが、平和が回復された今、政府はそれを買い戻す必要があった。

グラントの鷹揚な政権運営は、政府内外の多くの悪徳官吏たちの汚職を歓迎しているようなものだった。

この事実を知ったフィスクとグールドは、金市場を買い占めれば、その価格を釣り上げられると考えた。

その計略を成功させるには、政府がみずから金《きん》を売りはじめないことが不可欠だった。そこで、グラントの義弟アーベル・コービンが味方に引き入れられた。彼は2人が金売却に反対する働きかけを行なえるように手配し、さらに彼らが選んだ財務官補を任命するように大統領を説得した。ダニエル・バターフィールド将軍は、金売却に反対する主張を続けること、そしてもし方針が変わった場合、2人にそれを伝えることをすでに了承していた。グールドが金の買い占めを始めると、グラントも——けっしてばかではなかったので——事態を理解した。彼が売り注文を出すと、金市場はあっという間に崩壊した。これは一般の株式市場の混乱も誘発した。グールドとフィスクは事前に警告を受けて助かったが、皮肉にもグラント政権は深刻な打撃を受け、アーベル・コービンも失脚した。

グラントと汚職

グラントの鷹揚な政権運営は、政府内外の多くの悪徳官吏たちの汚職を歓迎しているようなものだった。エマ銀山事件がその好例だ。このユタの鉱山はずいぶん前に枯渇していたが、詐欺師たちはそれをイギリスのだまされやすい投資家に売りつけようと考えた。これ

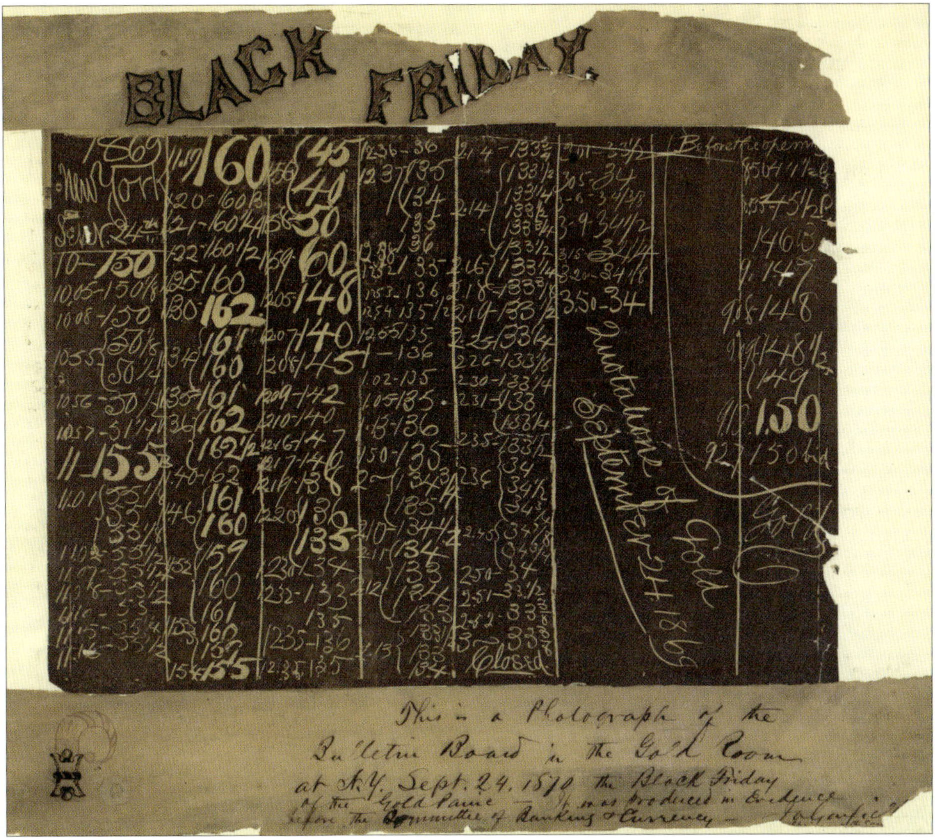

これらの数字は、1869年に金《きん》の価格が暴落した暗黒の金曜日の経緯を物語っている。ニューヨークの金取引所にあったこの黒板は、その後、議会の委員会に証拠として提出された。

は典型的な詐欺事件だったが、彼らは駐英アメリカ公使のロバート・C・シェンクを重役として雇うことで、特別な信頼性を得た。彼の名前は信用の保証のように思われた。これに気づいたグラントは、公使にその会社との関係を断つように警告した。シェンクはそうしたが、それは彼が持ち株を売ってかなりの利益を得た後のことだった。

一方、クレディ・モビリエ事件は何年も前から進行していた。発端はエーブラハム・リンカーンの時代にさかのぼったが、それがグラントの大統領在任中に表面化したのは不運だった。クレディ・モビリエは、ユニオン・パシフィック鉄道を代表して西部鉄道の建設を監督するために設立された会社だった。その会社には専属の依頼主があったため、彼らは費用を好きなだけ請求できた。会社が受け取った金はユニオン・パシフィック株にまわされ、市場でその額面金額の何倍もの値で売られる前に額面価格で購入され、クレディ・モビリエの重役とその友人たちに巨額の利益をもたらした。会社は購入した株式の利益をその額面価格で記帳していたため、彼らの公の運用益はひかえめに見えた。内部告発をしそうな者たちはすぐに「買収された」。株式は議員や役人に額面価格で売られ、彼らはそれを市場価格で売却して、ひと財産を築いた。金の卵を産むガチョウを殺そうとする者は誰もいなかった。結局、内部情報がマスコミに漏れたのは、ちょうどグラントの1872年の選挙戦の頃で、それは重役同士のつまらない口論が原因だった。クレディ・モビリエは、鉄道建設にかかった実費を上まわる2000万ドル（現在の3億6200万ドル）を請求して

グラントはその事件について潔白だったかもしれないが、彼の政権運営の力量にはおおいに疑問が残った。翌年、彼は自分と議員の給与を大幅にアップしたが、それはあまり賢明な措置とはいえなかった。

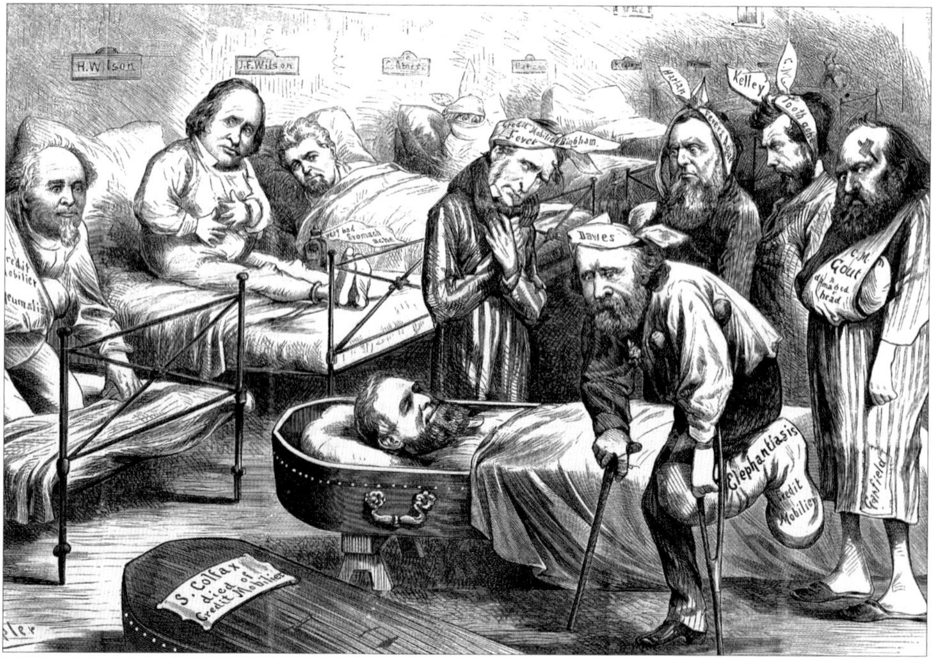

「クレディ・モビリエ病棟の死者と末期患者、そして負傷者たち」は、ジョゼフ・ケップラーによる風刺画である。民主主義制度に対する敬意は、大規模な不正が発覚したとき、史上最低を記録した。

1875年10月、ウイスキー汚職事件の裁判がついにミズーリ州ジェファーソンシティーの裁判所で始まった。連邦政府は数年間にわたって何百万ドルもの金をだましとられていた。

いたことが発覚した。その金は腐敗した投資家や役人、政治家たちの懐に入っていた。

昇給

グラントはその事件について潔白だったかもしれないが、彼の政権運営の力量にはおおいに疑問が残った。翌年、彼は自分と議員の給与を大幅にアップしたが、それはあまり賢明な措置とはいえなかった。彼の給与は２万5000ドル（現在の46万2000ドル）から５万ドル（現在の92万5000ドル）に倍増し、上院議員や下院議員の給与は5000ドル（現在の９万3000ドル）から7500ドル（現在の13万9000ドル）に増えたうえ、5000ドル（現在の９万3000ドル）の遡及的「賞与」が与えられた。大統領の給与は法律によって在任中は増やせないことになっていたため、グラントの昇給は１期目と２期目の間の４日間に強引に行なわれた。議員への「賞与」はこの行為に対する「賄賂」も同然だった。さらに悪いことに、その法案は密かに可決されたもので、マスコミの監視によってはじめて公になった。

「罪人を逃すな」

ユリシーズ・S・グラントの「スキャンダル続きの8年間」を記録する者にとって、問題は1つの事件がどこで終わり、どこでまた始まるのかが判然としないことだ。汚職はまさに風土病になっていたようだ。概して、大統領自身に罪が及ぶことはなかったが、彼はまったくの無実というわけでもなかった。どんなに盲目で愚かでも、汚職をずっと知らなかったはずはないからだ。司法長官が交代しても（1875年、ジョージ・H・ウィリアムズはエドワーズ・ピアポントにとって代わられた）、状況はつねに投資家や役人の不正に有利なようだった。

1875年、ウイスキー汚職事件が発覚した。手短にいうと、中西部州の酒造家たちが10年以上にわたって税金逃れをしていたのだ。彼らは何百万ドルという金を脱税した（つまり、税金をだましとった）一方、財務省の役人たちを買収し、それを黙認させていた。これには大統領もかなりの衝撃を受けたようだ。「罪人

苦しげな顔をした空中ブランコの曲芸師はグラント大統領で、その下に彼の無節操な部下たちがぶら下がっている。ウイスキー汚職事件でグラント政権は「立つ瀬」を失った。彼らのよりどころは、不祥事を起こした職員に対するグラントの誤った忠義心だけだった。

を逃すな」と彼は怒鳴りつけたが、そんな態度も、「罪人」の中に彼の個人補佐官で友人のオーヴィル・E・バブコックが含まれていることが判明するまでだった。政府の品位が危機にさらされているときでも、グラントは政権の結束を固め、衝動的に親友を守ろうとした。バブコックは裁判にかけられたが、グラントは事態の深刻さを理解していなかったらしい。検察側の証人はいずれも買収されていた。グラントはみずから証人台に立ち、バブコックの人柄を証言した。彼は無罪となったが、グラント政権はその汚職事件を長く引きずることとなった。

1876年、オーヴィル・バブコックは事業契約に関する汚職について、ふたたび捜査官に目をつけられた。悪党の手先として働くにせの財務省検察局職員が、その訴追の陣頭指揮をとっていた弁護士の自宅に侵入し、金庫に有罪を示す証拠を置いていった。次に第２の強盗団が雇われ、同じく弁護士の自宅に押し入って金庫を破った。彼らは置いてあった証拠を「発見」し、その陰謀を立件しようとしていたコロンバス・アレグザンダーという民間人の男の家へ向かった。そこで彼らは「財務省検察局員」に逮捕され、金庫から取ってきたものを差し出した。彼らはアレグザンダーに雇われて弁護士の家へ押し入り、金庫を破って、見つけたものを持ってくるように言われたと証言した。これは入念な企てだった。だが、おそらく入念すぎたのか、その「強盗」の１人が疑い深い検察官から証言をくつがえすようにあっさり説得され、その卑劣な計画のすべてがだいなしになった。グラントはかつての補佐官から文字どおり「距離を置く」ことを決意し、彼をフロリダのモスキート入江に灯台建設の監督官として派遣した。だが、友人に対する彼の忠義はあいかわらずで、バブコックがその僻地（というより、熱帯の暑さ）から早々に救出されることは明らかだった。ところが、バブコックはモスキート入江の現場を調査中、嵐で船が転覆し、48歳で溺死した。

ある面で、グラントは自分の不名誉を悟っていたらしい。彼は「目的を誤ったのではなく、判断を誤った」と議会への書簡で訴えた。だが、別の面で、彼はそれをまったくわかっていなかったようだ。不正利得の継続を望んだ彼の支持者たちは、彼を３期目に立候補させようとした。議会はすぐに大統領の任期を２期までとする法律を可決し、その道を閉ざした。それでもなお、グラントが数年ほどヨーロッパを講演してまわり、人びとの賞賛を受けた後（彼はなお戦争の英雄だった）、政権に復帰すれば、ふたたび幸福な日々がやって来るという期待があった。結局、お人よしのグラントは積極的ではないにしろ、受動的あるいは無意識のうちに不正に関与していた。彼は軍人としてあれだけ立派な貢献をしながら、どれほど国の期待を裏切ったかを十分認識していなかった。

第5章
忘れられた大統領たち——欺瞞と愚行

われわれは彼らの功績を見つけるどころか、彼らが誰だったかさえ思い出すのに苦労する。しかし、この「忘れられた大統領たち」は大統領としての役割の1つは理解していたらしい。それはずばり、卑劣という基準を満たすことである。

左：チェスター・アーサーは、政府を売り買いしていたニューヨークの行政制度の産物だった。彼はジェームズ・A・ガーフィールド（写真上）の副大統領として、汚職の教育を果たした。

「私は思想（と信条）においては急進的で、方法（と行動）においては保守的だ」

南北戦争の混乱と再建期の対立をへて、アメリカが何よりも望んだのは穏やかな生活だった。そして、それはある程度は果たされた。実際、1870年代後半から1890年代初めにかけての歴代の指導者たちは、しばしば「忘れられた大統領たち」と呼ばれるほど地味だった。しかし、大統領のスキャンダルの歴史において、彼らはけっして忘れ去られるには値しない。というのも、彼らの在任中に起こった事件のいくつかは、それ以前、あるいはそれ以降のどんなスキャンダルにも劣らないほど卑劣なものだったからだ。

ラザフォード・B・ヘイズ（在任1877−1881年）

ユリシーズ・S・グラントのお粗末で乱雑きわまりない政権に続いて、アメリカ史上もっとも議論と混乱を呼んだ選挙の１つが行なわれたことは、妥当といえば妥当だったかもしれない。だが、皮肉なことに、ヘイズは以前から非常に高潔な人物として知られ、これが彼に票を投じた人びとにとっての魅力だった。実際、何十万もの人びとがヘイズをアメリカにはびこる汚職の解毒剤と見て、彼に投票した。南北戦争での勇敢な戦いぶりを賞賛された彼は、あらゆる点で普通の兵士——地味で実直——のままだった。経験ある弁護士として、オハイオ州で政治活動を始めた彼は、良い意味で、素人そのもののようだった。

当時の彼の人気は意外なことではなかったが、なんの支援もなくホワイトハウス入りできるほどでもなかった。実際、彼の対立候補が勝利したのは事実だった。ニューヨークの民主党員サミュエル・J・ティルデンは、地元ニューヨーク市の汚職と戦ったことで尊敬を集め、グラントに次ぐ「好人物」に見えた。彼は総得票数において、約25万票の差をつけて首位に立っていた。もちろん、内部関係者によれば、選挙はけっしてそれほど単純なものではない。しかし、ティルデンは選挙人票においても、ヘイズの165票に対して184票と過半数を獲得していた。ただ、彼が当選を決めるにはあと１票足りなかった。

議会は大統領選に関する決定を行なうために選挙委員会を設立したが、これはアメリカの民主主義の実態をさらけ出す結果となった。とくに問題となったのは、選挙結果が未決のままだった４つの州（オレゴン、フロリダ、ルイジアナ、サウスカロライナ）のうち、３つが南部州だったことだ。そこでは北軍が依然として幅を利かせ、共和党の役人たちは気に入らない票を不適格としたり、選挙人を脅したりして、選挙結果の操作に励んでいた。だが、南部の民主党員の方がましだったというわけではない。勇敢にも選挙に参加したアフリカ系アメリカ人は暴徒たちの攻撃を受けなければならなかった。感情はなお高まっており、どちらの派の南部の政治家も勝つためなら何をやっても許されるといった傾向があ

右：ラザフォード・ヘイズは非の打ちどころのない人物で、大統領の基準からすれば高潔な人格者の手本だった。しかし、その多大な努力にもかかわらず、彼はアメリカ政財界の風土病となっていた汚職を根絶することはできなかった。

った。そのため、選挙違反が横行した。

当然ながら、選挙委員会は党の方針によって意見が分かれた。ヘイズ側の共和党員は８人で、７人の民主党員よりも優位だった。委員会の結論は決定的なものではなかったが、ヘイズは再建を終わらせ、南部から北軍を撤退させると約束することによって、反対派を説得した。こうして「いかさま閣下」が大統領として正式に宣言され、ティルデンは切り捨てられた。これを第２の南北戦争と呼ぶ者たちもいたが、最終的にはより分別のある判断が広まり、民主党は不利な状況で最善を尽くしたと納得した。

実際、それは結果的には悪くないものだった。彼らは求めていた再建の終結を果たし、あらゆる意味で南部の自治が回復された。また、彼らには大統領を攻撃するだけの貴重な材料があった。根っからの正直者だった大統領は、自分の立場に後ろめたさを感じ、うんざりするほど「８対７のおやじ」と呼ばれ続けた。

政権の強奪者

大統領として、ヘイズはあらゆる点で期待どおりの信頼感を見せた。彼の在任中はこれといったスキャンダルもなかった。ファーストレディーの「レモネード・ルーシー」の意見を尊重して、ヘイズのホワイトハウスは禁酒だった（どこかの外国首脳が訪れたときだけは例外が認められた）。敬虔なメソジスト教徒だったルーシー・ヘイズは、毎朝、祈りの会を開き、日曜の夜には夫の同僚を招いて一家で賛美歌を歌った。

ヘイズがアメリカに忠実に仕えようとした証拠として、彼は就任前、いかなる状況においても再選に立候補することはないという宣誓書に署名していた。就任式で「国のために最大限に奉仕する党に最大限に奉仕する」と述べた彼は、再選の誘惑がそれを不可能にすると確信していた。再選を望む大統領が、大衆受けする政策の検討に心を揺さぶられないはずはない。それほど決意の固い人物がいるだろうか。

彼は再選の誘惑がそれを不可能にすると確信していた。再選を望む大統領が、大衆受けする政策の検討に心を揺さぶられないはずはない。それほど決意の固い人物がいるだろうか。

鉄道ストライキ

大統領に就任してわずか数カ月後、すでに４年にわたる不況に苦しんでいたアメリカの経済は、何千人もの鉄道労働者がストライキを起こしたとき、事実上、機能停止の危機に陥った。立て続けに二度も賃金を引き下げたボルティモア＆オハイオ鉄道に対して、他の鉄道の労働者たちも仲間を支持してストに入った。アメリカの労働者の多くは、概して自分たちには発言権がないと感じていた。論議を呼んだヘイズの選挙も、結局は共和党のエリートがアメリカを好きなように動かすのだろうと彼らを納得させたにすぎなかった。彼らのストには時給以上のものがかかっていた。しかし、ヘイズから見れば、それには鉄道の機能以上のものがかかっていた。列車はスト

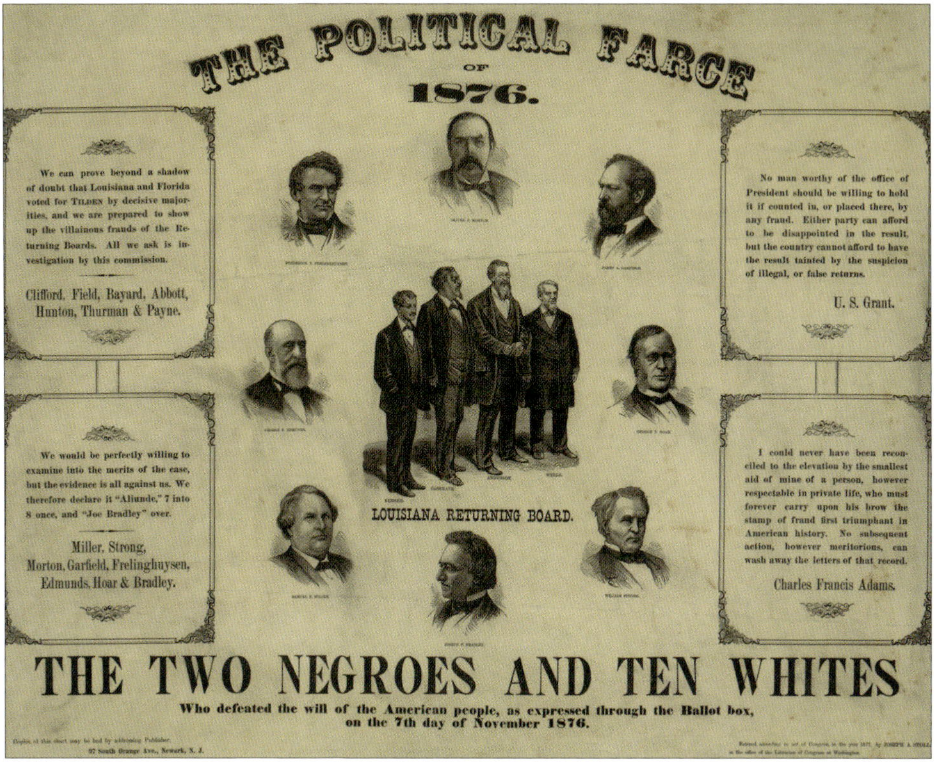

この民主党のポスターは、彼らが（それなりに正当な理由から）1876年の選挙を「盗んだ」と考えるヘイズ側の罪人たちの名を挙げている。清廉潔白なヘイズは、その選挙の汚名を完全にそそぐことはできなかった。

破りの労働者に使わせないように封鎖されていたため、原料や製品の流通が滞っていた。他の産業労働者たちも同情ストを始め、経済はまさに急停止しようとしていた。

大統領は無慈悲なほど毅然としていた。彼は当局にストライキ参加者の群れを解散させ、列車がふたたび動けるように強行突破せよと命令を出した。しかし、地元の警官隊は地域に密着していたため、友人や隣人に銃を向ける気にはとてもなれなかった。大統領の強気の発言は彼を無力に見せるばかりだった。州の民兵組織が送り込まれたが、多くの場合、彼らも暴力には尻込みした。連邦軍がストの中心部に派遣されてようやく、この鉄道大ストライキは破られ、治安が――衝撃的な暴力シーンの中で――回復された。結果として、45日間で70人余りの死者が出た。

郵便汚職

ヘイズの大統領在任中、他にスキャンダルの気配はほとんどなかった。彼は職員の人選に慎重で、面倒を起こすような愚か者はほと

スー族の孤立

内戦をひどく痛ましい形で終えた合衆国は、今度は先住民との戦いを始めた。その頃、舞台はすでにラコタ・スー族の先祖伝来の土地、グレート・プレーンズ（大草原地帯）に移っていた。1866年から1867年にかけての激戦で、レッド・クラウドの戦士たちはなんとか部族がダコタの故郷に留まる権利を勝ち取ったようだった。ところが、1874年にカスター将軍の偵察隊がブラック・ヒルズで金鉱を発見すると、政府はその結果として生じたゴールド・ラッシュを止めるより、ラコタ族を追い出し、西のミズーリ川上流の新たな領土へ強制移住させようとした。レッド・クラウドは柔軟に対応しようとした――公正な立場で言うなら、ヘイズもそうだった――が、どちらの男もより好戦的な支持者を納得させることはできなかった。クレージー・ホースとシッティング・ブルは、命がけで戦うだけの価値をもつ信条が危機にさらされていると感じた。その一方で、軍の大半はスー族を武力で排除するべきだと感じていた。ヘイズは懸命に妥協案を探ったが、その問題はますます彼の手から離れていった。やがて両陣営はリトル・ビッグホーンの戦い、そして最終的にはウーンデッド・ニー事件へと至る道を走りはじめた。

合衆国政府は1868年にララミー砦でラコタ族の代表者と合意に達したが、いわゆるそのスー条約は急速に発展していた西部の現状には合わなかったようだ。

んどいなかった。だが、汚職がアメリカから完全に消えたわけではなかった。

1879年、多額の郵便助成金が横領される事件が起きた。当時、東部や中西部の州では、手紙は標準手続きのもと、まとめて郵便で運ばれていた。だが、さらに遠くの西部では、特定契約者による「スター・ルート」という郵便物運搬ルートがあった（特別郵便や条件つき郵便を星印によって区別したことからそう呼ばれた）。これらのルートでは、郵便は馬車や荷馬車、あるいは騎馬によって運ばれた。つまり、原則として特別手配とされる郵便物はあらゆる輸送手段で運ばれていた。汚職の余地が膨大にあったのは明らかで、恥知らずな郵便局長たちはそれを最大限に活用した。この件に関して、ヘイズは国民の税金がいかに計画的かつ組織的に横領されていたかに気づくのが遅かった。その点で、彼には少なからず責任があると思われる。彼は長年、その問題を遺憾としながらも、罪のない非効率と浪費の問題と見なしていたようだ。

熱心に祈り、熱心に賛美歌を歌い、熱心に禁酒運動を行なっていた「レモネード・ルーシー」・ヘイズの厳しい家庭内統治のもと、ホワイトハウスの日課は滑稽なほど道徳的だった。

運河汚職

一方、より露骨な不正が問題になった場面で、彼は断固たる対応に出た。彼は海軍長官リチャード・W・トンプソンを容赦なく罷免した。ヘイズにしてみれば、他にどうしようもなかったのだろう。彼はパナマ運河に関す

るフェルディナン・ド・レセップスの計画には関与しないように、トンプソンにはっきり命じていた。このフランス人は少し前のスエズ運河建設の成功で自信を得て、パナマ運河を当然のように次なる段階と考えた。ヘイズも反対はしなかったが、そうしたプロジェクトはアメリカ主導で行なわれることを望んだ。彼は自分のスタッフがその計画に関与することを禁じた。しかし、トンプソンはUS「アドヴァイザリー・コミッティー」の議長を務める報酬として、レセップスが提示した２万5000ドル（現在の55万5000ドル）に抵抗できなかった――この委員会《コミッティー》は基本的に、アメリカの不安を和らげるためのロビー組織だった。ヘイズはそれをスパイ工作と見なし、トンプソンが参加に同意したことは明らかな反逆行為だとして、ただちにその海軍長官を解任した。

結果として、パナマ運河建設計画は頓挫した。予想以上の困難をともなったそのプロジェクトは、25年後、セオドア・ルーズヴェルトの主導で完成にいたった。

ジェームズ・ガーフィールド（在任1881年）

ジェームズ・ガーフィールドが大統領を務めたのは、わずか199日間だった。しかし、それは不正にひどく寛大だった男が、ホワイトハウスのスキャンダルの歴史に貢献するには十分な時間だった。事実、スキャンダルに関して、ガーフィールドにはすでに立派な実績があった。彼は連邦議員として、グラント政権時のクレディ・モビリエ事件に関与しており、彼の親友トマス・Ｊ・ブレーディー（その後、合衆国郵政公社の上級職に任命された）も、1879年のスター・ルート事件に関与していた。さらに、ガーフィールドはワシントンＤＣの街路の舗装に木製の敷石を供給する契約を望んだ企業から、法的助言の報酬として5000ドル（現在の11万1000ドル）を得ていた。ただ、彼の言い分によれば、その契約はいかなる意味においても、彼が与えたものではなかった。

ガーフィールドは選挙においても論議を呼んだ。だが、それはヘイズの選挙に比べれば確実な勝利だったといえるし、彼自身が不正を働いたというよりも、不正を働かれたというべきだろう。たしかに、ガーフィールドの支持者たちは票の買収という明確な目的のために裏金を使っていた。彼らは立ち入り調査をすると言って実業家を脅したり、役人たちから金を巻き上げたりした――仕事を続けるためには、彼らもそれに協力するしかなかった。副大統領候補だったチェスター・Ａ・アーサーは、Vice-Presidency《副大統領職》に「vice《悪徳》」をもたらした人物で、本来は民主党の地盤であるインディアナ州を共和党が買収したことについて、拍子抜けするほどあっさり認めた。しかし、その一方で、ガーフィールドは民主党の「不正工作」の犠牲者であることも確かだった。これには、彼がカリフォルニアとアメリカ全体の労働コストを引き下げるため、中国系移民に関する規制撤廃を支持するとした手紙の捏造も含まれていた。

さらに、ヘイズと異なり、彼は選挙結果で総投票数900万票の過半数を獲得することが

左：それはいつか真の歴史的偉業となるはずだった。だが、パナマ運河の建設は何十年にもわたって、技術面や資金面ばかりか、公共倫理の面でも非常に過酷な挑戦となった。

左：ジェームズ・ガーフィールドの大統領職が残虐きわまりない方法で断ち切られたことは確かだ。だが、彼はすでにもっとも腐敗し、ひねくれた合衆国大統領としての資格を確立していた。

できた（その差はわずか9000票にすぎなかったが）。彼の選挙人票はさらに圧倒的で、民主党の対立候補の155票に対して214票を得た。したがって、彼が大統領になる権利は前任者よりもずっと確かなものだった――たとえ人格に大きな問題があったとしても。

夫を理解しない妻

　ガーフィールドの結婚は妥協によるものだった。ファーストレディーのルクレティア・ルドルフ・ガーフィールドは知的だが、やや堅苦しい女性だった。未来の大統領は彼女との婚約について早くから迷いを見せていた。1854年、マサチューセッツ州のウィリアムズ大学に婚約者の卒業を祝うためにやって来た彼女は、彼が明らかに恋愛関係にある別の女性と一緒にいるのを見てショックを受けた。ガーフィールドはルクレティアが自分に対して威圧的で冷たかったと不満を言いながらも、レベッカ・セレックとの浮気を認めた。２人はなんとか仲直りし、４年後には結婚式の準備が進められたが、新郎はすぐに自分の伴侶となった女性と距離を置くようになった。ガーフィールドはオハイオ州議会の議員として忙しく（ときにはなかなか家に帰ろうとしないこともあった）、２人が一緒に過ごしたのは結婚して最初の６年間でわずか６週間だった。家に１人残されたルクレティアは、気難しい義母ばかりか、下宿人として一緒に住んでいた夫の元教師で彼を溺愛していたアルメダ・ブースの世話までさせられ、うんざり

右：ルクレティア・ルドルフ・ガーフィールドは、不満ばかりで報われない結婚生活を送ったようだ。夫はその愛情においても、将来の計画においても、彼女を最優先に考えようとはせず、２人はほとんどの時間を離れて過ごした。

していた。しかし、彼女がもっと腹を立てたのは、1863年の初め頃、陸軍の兵士として南北戦争に従軍したガーフィールドが、ニューヨーク・タイムズ紙の若い記者ルチア・カルフーンと浮気したことを知ったときだった。

鉄道駅の待合室にいた罪のない人びとは、チャールズ・J・ギトーが至近距離から大統領を撃つのを見て立ちすくんだ。この暗殺者は典型的なはみ出し者で、あちこちを転々とする偏屈な一匹狼だった。

親しい相棒

数カ月後、ガーフィールドは下院議員としてワシントンへ赴いた。そのときから、2人は互いにしかるべき場所に落ち着いたようだ。彼らはガーフィールドが罪悪感から告白したルチア・カルフーンとの浮気をのり越えた。それは陳腐な表現だが、むしろ2人の絆を強めたようだ。ルクレティアは夫にとって貴重な存在となり、彼の忠実な支持者であり、親

しい相棒となった。彼女はファーストレディーとしても――少なくとも最初の何日かは――歓迎された。しかし、残念ながら、彼女は数週間もしないうちにマラリアの重い発作に襲われ、夫に残されたわずかな在任期間中、その力を発揮できなくなった。

ガーフィールドの在任期間が残酷にも打ち切られたのは、いうまでもなく、彼が７月２日にチャールズ・ギトーに射殺されたときだった。ギトーは、ガーフィールドがルクレティアとしばらく一緒に過ごすため、ニュージャージー行きの列車に乗ろうとするのを駅で待ち伏せしていた。ガーフィールドはそれから３カ月もちこたえた（ギトーの弾丸よりも無能な医師の治療が彼にダメージを与えたともいわれる）が、1881年９月19日に死亡した。

ガーフィールドはオハイオ州議会の議員として忙しく（ときにはなかなか家に帰ろうとしないこともあった）、２人が一緒に過ごしたのは結婚して最初の６年間でわずか６週間だった。

奇妙な暗殺者

チャールズ・Ｊ・ギトーは、しばらく前からガーフィールド大統領に（今日の専門用語を使うなら）ストーカー行為を繰り返していた。彼はホワイトハウスの受付に押しかけたり、ファーストレディーに話しかけたりもしていた。1857年、ミシガン大学に入り損ねたギトーは、当時のアメリカ社会で特異な道を進んだ。公正な立場でいえば、彼の父親はチャールズ以上に変わっていたようだ。彼はニューヨーク州北部にあるオナイダ共同村のパンフレットを次々と息子に見せた。この奇妙な「宗教団体」は1848年、ジョン・ハンフリー・ノイズによって創設された。キリストの天の国は実現できるのであり、実現されるべきだとノイズは信者たちに言った。彼の共同村は地上の楽園だった。ただ、キリスト自身が復活後は娶《めと》ることも嫁ぐこともないと

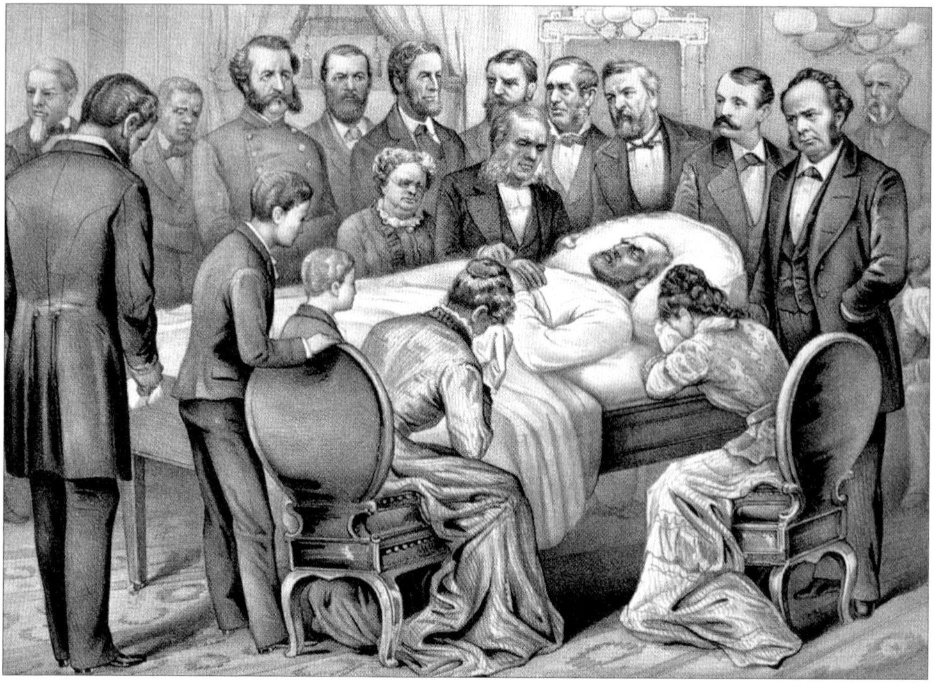

ギトーの突然の凶行にもかかわらず、ガーフィールドの死は長引くこととなった。彼の最終的な死因は、暗殺者の銃弾ではなく、医師たちの不適切な治療だったとする者もいる。

言ったことから（マタイによる福音書第22章30節）、彼らはオナイダで「自由恋愛」を実践した。少年たちは成人すると、年上の女性たちから手ほどきを受けることになっていた。ノイズは処女の少女たちの性教育を監督し、誰が誰と寝るべきかを決めることによって、その支配力を行使した。

チャールズ・J・ギトーは1860年代初め頃にその共同村に入ったが、残念ながら、彼と寝たいと思う者はいなかったようだ。彼の方も、男性信者に求められるその肉体労働を果たしたいとは思わなかった。1865年、彼は共同村を収入喪失の責任で訴えようと、村を出た。だが、それがどんな職業におけるものかはまだ決まっていなかった。まず、ギトーはシカゴで弁護士業を始めた。困ったことに、彼はこの仕事で成功をおさめ、次の信仰復興論の伝道師の仕事でも成功した。彼は1874年までに結婚したが、離婚し、娼婦との接触で梅毒にかかった。この10年間に、ギトーはワシントンでありとあらゆることをした。役人たちにしつこく催促し、最初はこれで政府の仕事を約束されたと確信した。ところが、やがてガーフィールド政権が自分を見捨てたと思い込むようになり、ついには神がガーフィールドの死を望んでいるという結

ある日、鉄道駅まで大統領の後を追い、そこで彼を撃とうとしたギトーは、大統領夫人が病気と知り、そんなときに彼女の夫を殺すのは忍びないとして暗殺を取りやめた。

論に達した。

それにしても、彼は奇妙な暗殺者だった。ある日、鉄道駅まで大統領の後を追い、そこで彼を撃とうとしたギトーは、大統領夫人が病気と知り、そんなときに彼女の夫を殺すのは忍びないとして暗殺をとりやめた。裁判でも、彼は釈放を望むという現実感からすっかり遠ざかり、今度は自分が大統領に立候補しようと考えていた。結局、彼が登るはずだった選挙戦の演壇にもっとも近いものは処刑台だった。1882年６月30日、彼は絞首刑に処された。

チェスター・アーサー（在任1881－1885年）

ガーフィールドが妻への態度を道徳的に改めたとしても、それはチェスター・アーサーの変身ぶりに比べれば何でもなかった。ひどく皮肉っぽい運動家だった彼は、ニューヨークの陰の実力者ロスコー・コンクリングの庇護を受けて政界に入り、ユリシーズ・Ｓ・グラントによってニューヨーク港の関税徴収官に昇進した。アーサーのキャリアの背後につねに存在していたコンクリングは、彼の「依頼人」を政権の座に就かせ、自分がその権力を陰から操れるようにするため、じつはガーフィールドの暗殺を計画したのではないかとさえいわれた。独創的な説だが、すでに見てきたように、チャールズ・Ｊ・ギトーは他の誰からの後押しも指示も必要なかった。また、コンクリング――あるいはアーサー――がいかに腐敗していたとしても、殺意をもっていたと考えるだけの理由もない。

事実、アーサーがその有力な庇護者から得たと思われる最大の強みは、政府の汚職とその仕組みを包括的に理解していることだった。当然ながら、彼は税関でどんな取引が行なわれているかを知っており、そこでは役人たちが日常的に公金を横領していた。ただ、彼らがその利益の一部を自分に差し出しているかぎり、とくに問題はなかった。それに彼は私腹を肥やすことにしか関心がなかったわけではない。政治とは権力とそれがもたらす利益をめぐるものであり、その意味では政党も重要だった。彼は役人たちが政治家に仕えるためにあり、国民に仕えるためにあるのではないことを知っていた。彼らは公職を得た代償として、党の政治資金のために金を搾取された。

そもそも、長年の友人と縁を切ることが難しいように、古くからの慣習はなかなか消えない。汚職はアーサー政権でも継続された。しかし、「猟官者」たちには驚くべきプレゼントが用意されていた。1882年、彼らは主要な下院選挙区における「水路の改善」を名目に、1800万ドル（現在の３億9000万ドル）の事業計画を提案した。ところが、票と影響力が必要とされる選挙区で新たな雇用や役職を生み出すはずの、この明らかな「ポーク《予算ば》バレル《らまき》」法案に、アーサーは拒否権を行使し

「気どり屋の大統領」が贅沢な馬車に乗っている。当然ながら、アーサーのこんな優雅な趣味は高くついたが、当時、賄賂や不正は政財界の付き物として受け入れられていた。

た。議会はこの拒否権行使を無視し、ふたたび採決して強引にその法案を可決した。しかし、それは来るべき変化に対する大統領の警告だった。

密猟者が猟場の番人に変身したとき、それは大きな衝撃をもたらした——アーサーは大統領としての権限のすべてを行使して、ペンドルトン法を支持したのである。1883年に可決されたこの法案は、政府の汚職問題に対する直接攻撃となった。それは対象が限定的で、連邦政府の役職だけにしか適用されず、より数が多くて無制限に乱用されていた州政府の役職には適用されなかったが、それでも長年の面汚しだった「猟官制度」に終わりの始まりをもたらした。これにより、政府の役職は次の政権によって与えられるものではなく、恒久的な公務員制度によるものとなり、人びとは政治的忠誠心ではなく、能力によって昇進することになった。試験制度は重要ポストが最適な候補者に行くことの助けとなった。

もちろん、汚職はつねにその抜け道を見つ

け、政党はつねにその資金源を見つけるものだ。個人に献金の動機を提供できなくなった彼らは、かわりに実業界に目を向け、ありとあらゆる怪しい取引を行なった。しかし、ペンドルトン法は、どんなにひかえめにいっても、政府が売買されるべきではないという認識の重要な意思表示となった。

漫画雑誌パックで「奇術師の大統領」として描かれたアーサーは、選挙で支持を期待できそうなさまざまな政治団体に対して、なんとも器用にその「餌」を見つけて観衆を驚かせた。

グローヴァー・クリーヴランド（在任1885–1889年、1893–1897年）

では、汚職天国の時代は終わったのだろうか。しばらくはそう見えた。しかし、グローヴァー・クリーヴランドは別の方法で倫理違反を犯した。1870年代に弁護士として経験を積み、ニューヨーク州バッファローで独身生活を謳歌していた彼は、独り身の立場を最大限に生かし、ほとんどの時間をバーや酒場で過ごした。彼は魅力的な若い未亡人マリア・ハルピンとの情事で彼女を妊娠させた――彼は自分が父親とは確信していなかったが、彼女は息子をオスカー・クリーヴランド

勝者と猟官

ペンドルトン法が施行されるまで、アメリカの公職は「猟官制度」に支配されており、選挙で勝利した政党が身内の者を重要な役職に任命した。われわれに言わせれば、それはただの不正ではなく、公然たる不正だった。それを変えることはほとんど不可能に近かった。もしなんの見返りも期待できないとしたら、どうして富と権力をもつ者たちがその金と影響力を選挙活動に提供しようとするだろうか。正直なところ、公職は蓄財のチャンスと考えられていた。正当な徴税はなくても、不正な賄賂は必ずあった。

政治的徴収システムの背後にある論理も同じだった。もしある人物が共和党や民主党から得た地位のおかげで大きな利益を得たとしたら、彼がその政党に献金を期待されないはずはない。それは終わりなきサイクルとなり、役人たちは公金横領の権利があると感じ、政治家たちはその分け前をもらう権利があると感じていた。

と呼んだ。たとえ実父と確定していなくても、彼は自分の責任を認め、彼女が重いアルコール依存症で母親としての務めを果たせなくなると、彼女を入院させ、男の子を児童擁護施設に入れる費用を支払った。

1871年から1874年までエリー郡の保安官を務めたものの、クリーヴランドは現実的な政治的野心をもたずに40歳を迎えた。しかし、1881年、44歳になった彼は、改革派の民主党候補としてバッファローの市長選に立候補することを決意した。その後の出世はとんとん拍子だった。有権者は地方レベルで不正と戦った彼の手腕に感心し、すぐに彼をより広い舞台で活躍させようとする声が起こった。次の停車駅はオールバニーで、1882年、彼はニューヨーク州知事に選ばれた。彼はふたたび改革に積極的な新任者として、汚職の一掃に努めた。そして1884年、彼はついに民主党大統領候補の指名を獲得した——共和党の対立候補はジェームズ・G・ブレーンだった。

かつてのヘイズがそうだったように、クリーヴランドはその経験のなさを売りにすることができた。彼は部外者であり、ワシントンのやり方に染まっても汚されてもいなかった。一方、ブレーンは経験がありすぎた。彼には大手鉄道会社との癒着の噂があった。共和党

クリーヴランドは正直に自分の過ちを認め、それを隠しても無駄だと悟るだけの賢さをもっていた。彼の率直な告白はかえって大きな尊敬を集めたようだ。

右：「パパが欲しいよ！」と泣き叫ぶ赤ん坊の男の子。じつは有権者も、その欠点や昔の過ちがどうであれ、クリーヴランドを求めていた。1892年、圧倒的多数の人びとが彼に投票した。

VOL.6.
Nº154.
THE JUDGE.
ENTERED AT THE POST OFFICE AT NEW YORK AS SECOND CLASS MATTER. COPYRIGHT 1881 BY THE JUDGE PUBLISHING CO.
Price
NEW YORK, September 27, 1884.
10 Cents.
I WANT MY PA!
GROVER THE GOOD
F.B.
FRANKLIN SQUARE LITH. CO. NEW YORK.

1894年のプルマン・ストライキで、兵士たちはその強さを見せつけた。クリーヴランドは雇用主の勝利を原則としたが、実際には国の安全が大きな危機にさらされた。

は卑怯にもクリーヴランドの「隠し子」の事実をもち出し、実際、それは市民の関心を引くのに十分なスキャンダルだった。クリーヴランドは正直に自分の過ちを認め、それを隠しても無駄だと悟るだけの賢さをもっていた。彼の率直な告白はかえって大きな尊敬を集めたようだ。いざ選挙になると、人びとは公共の利益の責任者として信頼できる人物を選ぶため、プライベートな（そして誠実に償われた）個人的過ちには目をつぶった。

善良なるグローヴァー？

「ママ、僕のパパはどこ？」「ホワイトハウスへ行ったよ、ハハハ！」――クリーヴランドが官邸入りするとき、ペンシルヴェニア通りではこんな愉快な歌が響いた。過去の失敗がどうであれ、彼はそこにいた。

だが、その当時の彼の欠点は、より広い想像力と思いやりに欠けていたことだろう。ポークバレル政策を廃止し、有権者に金額に見合うだけの価値をもたらすという彼の方針は極端だった。その原則にこだわった彼は、1887年、日照りに苦しむテキサスの農家に新鮮な種トウモロコシを供給するための1万ドル（現在の21万6000ドル）の助成案を却下した。実際に苦しんでいる（そして税金を納めている）家族には、まさにそれが必要だったにもかかわらずだ。さらに、ヘイズ政権をまたしてもまねするかのように、彼は

1894年のプルマン・ストライキを破るためにシカゴへ連邦軍を送り込んだ――「たとえシカゴに葉書を届けるために合衆国の陸軍と海軍のすべてを要したとしても、その葉書は必ず届けられる」。実際、それほどの兵力は必要なかったが、それでも１万2000の軍隊が連邦保安官やイリノイ州兵とともに派遣された。それに続く暴動により、13人が死亡、57人が負傷した。労使関係の問題とは別に、そのストライキには人種差別的な側面もあっ

記録破り

フランシス・フォルサム・クリーヴランドは、ホワイトハウスで大統領と結婚式を挙げた最初のファーストレディーだった。彼女の夫は結婚の誓いを立てるため、多忙なスケジュールからわずかな時間を捻出した。結婚当時、まだ21歳だった彼女は、それまででもっとも若いファーストレディーとなったが、その記録は今も彼女が保持している。しかし、彼女が夫より27歳年下だったというのは大した記録ではない。ジョン・タイラーは２人目の妻ジュリア・ガーディナーより30歳も年上だった。

グローヴァー・クリーヴランドとその閣僚たちは困難な時期に政権をまかされ、さまざまな難しい決断を迫られた。一方、アメリカ国民の多くは、経済危機に対する彼らの姿勢には思いやりが欠けていると感じた。

左：クリーヴランドのファーストレディーとなったフランシス・フォルサムは、彼よりずっと年下の21歳だった。だが、彼女は他人の言いなりになるような弱い女性ではなく、伝統的な結婚の誓いを書き直し、夫に「従う」のではなく、夫を「愛し、敬う」ことを誓った。

た。プルマン寝台車の係員の多くはアフリカ系アメリカ人だったため、これは正義を求める黒人従業員に対する白人当局の攻撃（議論の余地はあるが）のように感じられた。しかし、クリーヴランドの対応はより根本的な憲法上の問題を明らかにした。つまり、大統領はいかなる権限によってそうした争議に介入したのかということだ。

さらに、「コクシー軍」に対するクリーヴランドの対応は、組合労働者へのほとんど懲罰的な態度を示すものだった。この失業者の一団は、貧困救済と幹線道路建設などの公共事業による雇用創出への投資を求めて、ワシントンへデモ行進を行なっていた。クリーヴランドの考えでは、アメリカの問題を解決することが政府と実業界の務めなら、労働者の務めは働くことであり、疑問を投げかけたり、要求を行なったりすることではなかった。クリーヴランドは西部から進軍を続けるデモ行進を連邦保安官に妨害させた。彼らがワシントンに到達すると、今度は州兵を出動させ、議事堂のそばの芝生に踏み入ったとして指導者らを逮捕させた。

クリーヴランドは以前から続く経済危機や、その強権主義がまねいた反感に打ち勝つことができなかった。だが、彼は1889年にいったん政権を追われたものの、その４年後にふたたび返り咲いた。アメリカの有権者は彼の過ちを忘れたわけではないが、許したようだった。彼が少しでも有利なうちに辞めたいと望んだのも無理はない。経済情勢はほとんど改善されず、彼自身も体調不良に苦しんでいた。彼はしだいに鬱状態に陥った。もし彼が追い詰められていると感じたとすれば、それは本当だった。

アメリカ国民は困窮し、怒りを感じていた。ホワイトハウスへの攻撃も増していた。半端なレンガや空き瓶ばかりか、潜在的な脅威がそこにはあった。警備が強化され、かつて半公共スペースだった大統領官邸は、今では高い柵に囲まれ、錬鉄の門扉も施錠されていた。

ベンジャミン・ハリソン（在任1889－1893年）

「忘れられた大統領たち」の中でも、とくに忘れられがちなのがベンジャミン・ハリソンである。第１期クリーヴランド政権を何とか破った（選挙人票によってのみではあるが）見返りが、この哀れな運命だった。彼の１期のみの政権はかなり印象が薄く、グローヴァー・クリーヴランドの二度の政権に挟まれ、押しつぶされた。とにかくクリーヴランドによく似た共和党候補として選ばれたため、余計に目立たなかったようだ。前選挙で同じく対立候補だったジェームズ・Ｇ・ブレーンは、それでもクリーヴランドの１期目をとおして共和党の有力なリーダーだった。ただ、彼の支持者はこの英雄が汚職まみれであるという事実をしだいに諦めるようになった。

当初のクリーヴランドがそうだったように、ハリソンも無名から身を起こした（政治的にいえば、彼は今もインディアナ州選出の唯一の大統領である）。汚職という荷物を背負っていなかった彼は、不正を厳しく取り締まることを約束した。クリーヴランドと同様、彼も長老派の信徒としての経歴をもっていた——実際、クリーヴランドの父親はその教会の牧師だった。だが、クリーヴランドが早々に信仰を放棄したのに対し、ハリソンは信心深いままだった。彼にとって長老派教会の長老であることは、大統領であることと同じくらい重要だった。

彼は退役軍人が直面する問題を理解し、心から退役軍人のためを思っている人物として信頼に値した。たしかに、タナーは心から彼らのためを思っていた。

彼は改革の熱意を強調した。彼の政策の目玉はペンドルトン法の強化とその対象範囲の拡大だった。しかし、彼はつねにその支持者たちの行動を管理できたわけではなかった。共和党全国委員会の財務部長ウィリアム・ウ

ジョン・ワナメーカーは友人のベンジャミン・ハリソンに休暇用のコテージをプレゼントしたことで、かえって彼に迷惑をかけた。この気前の良い贈り物は、それがなければおおむね非難されることがなかった政権に、大きなスキャンダルをもたらした。

ェード・ダッドリーは、インディアナでの票の買収計画が記された手紙を暴かれ、選挙戦の危機をまねいた。ハリソン政権の終わりにも、彼の支持者たちは問題を起こした。1890年、郵政長官だったジョン・ワナメーカーは、フィラデルフィア実業界の仲間たちとともに、ニュージャージー沿岸のメイ岬にある小さなコテージをファーストレディーのキャロライン・ハリソンに贈った。この贈り物にどんな条件がついていたのかは明らかにされなかったが、その話が公になったとき、人びとが眉をひそめたのは確かだ。ハリソンは、最初からそのコテージを買うつもりだったのを、ワナメーカーが手助けしてくれただけだと慌てて弁解した。彼はその友人に１万ドル（現在の24万3000ドル）の小切手を送った。

おそらく、ベンジャミン・ハリソンはそれまでの合衆国大統領にはないほど清廉な人物だった。にもかかわらず、彼は支持者たちの熱心すぎる努力のおかげで、自身が汚職の責任を問われた。

兵士たちの捜索

ハリソンが退役軍人年金の監督として選んだ人物は適任者のように思えた。ジェームズ・R・タナーは元伍長の傷痍軍人で、自身もブル・ランの戦いで両脚を失っていた。彼は退役軍人が直面する問題を理解し、心から退役軍人のためを思っている人物として信頼に値した。たしかに、タナーは心から彼らのためを思っていた。だが、彼は不正に染まっていなかっただけに、政府の役割とそれが自由にできる資金の規模を把握していなかったらしい。「兵士たちへの寛大な待遇」を約束していた彼は、見つけ出した退役軍人に惜しみなく金を与えることが自分の義務だと考えていた。それには支援の申請さえしていなかった多くの兵士たちも含まれていた。数カ月のうちに、彼の部局は大幅な予算超過に陥り、ハリソンは１年足らずでタナーの罷免を余儀なくされた。

第6章

大国——産業界との癒着

19世紀末期、合衆国は経済大国としてばかりか、帝国主義的野望をもつ主要な近代国家としても十分に成熟していた。しかし、アメリカの影響力が高まる一方、それが害を及ぼす恐れも高まっていた。

左：ウィリアム・マッキンリー（写真上）の暗殺者レオン・チョルゴッシュが鉄格子の中で処刑を待つ様子。この事件により、20世紀の大統領史はひどく陰鬱なスタートを切ることになった。

「もっとも暗い敗北にあるとき、勝利はもっとも近いかもしれない」

ペンドルトン法は、すでに見てきたように、アメリカ政界に大きな転機をもたらした。その効果は当初こそ小さかったが、やがて積み重なって圧倒的なものとなった。かつては裕福な者たちの個人的財産として売買されていた公職が、今では能力主義に基づく官僚制度の所管となった。しかし、少なくとも神が新しいタイプの代議士——正直で利他主義的で公務に熱心——を送り込む気になるまでは、集票組織の仕事を円滑にするための資金がどこからか調達される必要があった。政財界の親密な（ときには排他的な）関係が始まったのはこの頃である。左派の評論家のいう「企業国家アメリカ」が生まれたわけだ。

ウィリアム・マッキンリー（在任1897−1901年）

おそらく大統領にはもったいないほどのお人よしだったマッキンリーは、彼の後ろ盾だった政界の実力者「ドルマーク」・ハンナへの恩義を捨てきれなかった。マッキンリーの選挙戦を指揮したハンナは、民主党候補ウィリアム・J・ブライアンが導入しようとしていた「銀本位制」の恐ろしい弊害を吹聴し、財界を震えあがらせた。公正な立場でいうなら、経済的困難を緩和させるものはインフレをまねく運命だった。これは南部と南部の農家には好都合だった——純債務者の彼らには返済をきちんと続けることの方が簡単だった——が、北東部の産業にとっては製品の輸出額が下がることになった。一方、マッキンリーの高率な輸入関税は競争を阻害するものだった。アメリカの産業にそれが与える「保護」は、長期的に見れば幻想にすぎず、機械のコストが上がることによって農業にも大きな打撃を与えた。

企業献金者とともに精力的なロビー活動を行なったハンナは、巨額の資金を集め、選挙宣伝用の大量のビラをつくった。そのビラは金本位制を奨励し、もしそれが断念された場合のあらゆる弊害を説いていた。実際、彼の行為は、当時の選挙運動で必ず（そしておよそ合法的に）行なわれていたこととあまり変わらなかった。たしかに、彼の手段は強硬ではあったが、違法行為とはいえなかった。マッキンリーにとっての悩みは、彼の庇護者があまりにも大きく注目されるため、自分が操り人形のように見えてしまうことだった。人びとは彼を大統領としてあまり真剣に受けとめることができなかった。

そうした印象は、政権に就いたマッキンリーがオハイオの古参の上院議員ジョン・シャーマンに辞職を迫ったとき、いっそう強まった。オハイオ州知事がハンナの名前を上院に推薦したことで、ハンナは同州の上院議員の地位を得た。つまり、シャーマンはハンナのために職を追われる形となったが、かわりに国務長官に任命されたことで、その犠牲は十分に償われた。ただ、残念ながら、彼はその仕事に十分対応できなかった。74歳だったシャーマンは体力も記憶力も衰えていた。彼は自分がどこへ行こうとしていたのかを忘れたり、首脳レベルの会議で議論を見失ったりすることがあった。１年たらずで、彼はウィリアム・R・デイとの交代を余儀なくされた。

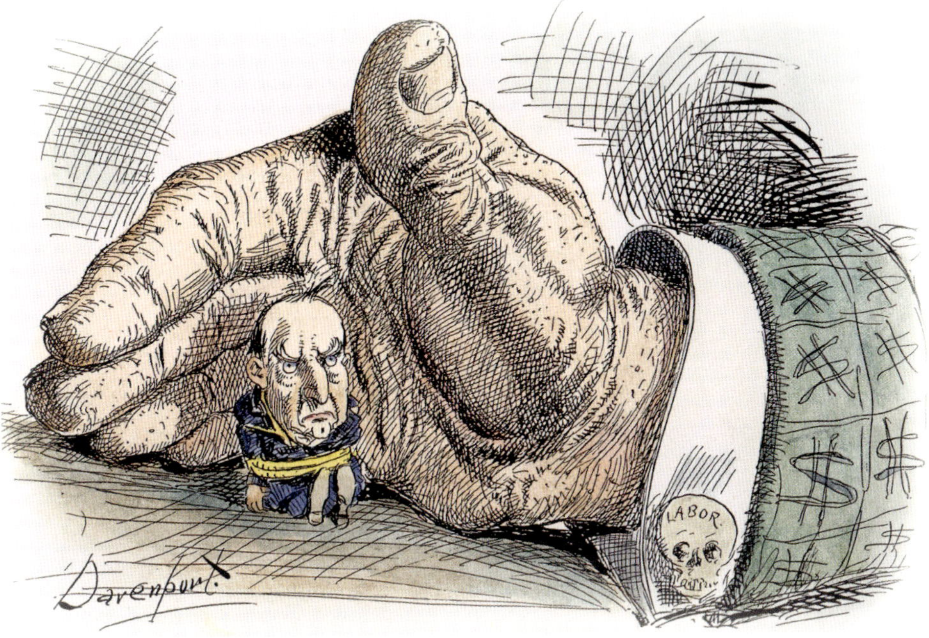

この風刺画のポイントはこれ以上ないほど明白だろう。マッキンリーはまさに「ドルマーク」・ハンナの手中にある。彼はこの名うてのパワー・ブローカーとの関係をけっして断ち切れなかった。

「素晴らしき小戦争」

当時のマッキンリー政権がスキャンダラスに見えるとすれば、それは伝統的な意味での汚職によるものではなく、同政権の外交政策によるものだ。1898年、あの軍艦メイン号の沈没事件が起きたのは、彼の大統領在任中のことだった。その戦艦は260人の乗組員とともにハヴァナ港で爆沈した。

あらゆる状況を勘案すると、スペイン当局は当時、船内での爆発事故がメイン号沈没の原因と主張したが、アメリカはそれをスペイン側の陰謀ではないかと考えたらしい。以前からキューバを欲しがっていたアメリカにとって、これは同国に侵攻し、すでに衰退傾向にあったスペインからそれを奪うための絶好のチャンスと思われた。こうして、まさに一方的な戦いとなった米西戦争は113日後に終わりを迎えた。ウィリアム・R・デイは慎重にも、キューバ以外のスペインの植民地は返還すべきだと主張した。しかし、その苦労は報われず、彼は職を解かれた。アメリカはプエルト・リコ、グアム、そしてフィリピンを手に入れた。デイの後任として国務長官になったジョン・ヘイの言葉を借りれば、「素晴らしき小戦争」から予想外の利益が得られたというわけだ。

だが、それにはあまり素晴らしくない側面

もあった。アメリカの新聞各社がキューバにおけるスペインの蛮行について世論の怒りを煽ったことで、マッキンリーは最初から十分な強硬路線をとらなかったとして非難された。同時に、彼はその海賊的な外交政策についても非難された――大統領は帝国建設に走るつもりなのか。スペインの蛮行についての報道は、ほとんどが誇張だったが、まったく事実に反するものでもなかった。それは今でいう「非対称戦争」で、従来型のスペイン占領軍と地域密着型のキューバのゲリラ部隊との戦いだった。彼らの間では誰が味方（あるいは少なくとも「民間人」）で、誰が敵かを見分けるのも難しかった。

当時のマッキンリー政権がスキャンダラスに見えるとすれば、それは伝統的な意味での汚職によるものではなく、同政権の外交政策によるものだ。

　これはフィリピンを植民地として保持することが決まった後、同国を占領するために送られたアメリカ軍が直面した問題とまさに同

米軍艦メイン号の沈没事件は、乗組員のほぼ４分の３が犠牲になるという悲劇的な「事故」だった。だが、アメリカがわざと喧嘩を売ってキューバを奪ったと認めるはずはなかった。

マッキンリーがキューバ産の巨大な葉巻を無理して吸おうとしているのを、マーク・ハンナが見ている。血まみれで包帯を巻かれながらも、大統領はなんとかその責任を陸軍長官に転嫁した。

発作とスリッパ

1867年にウィリアムと出会ったイーダ・サクストン・マッキンリーは、けっして顔がきれいなだけの美人ではなかった。正真正銘のお嬢様として、彼女は花嫁学校を出た後、ヘンリー・ジェームズの小説に出てくるヒロインのようにヨーロッパを周遊した。しかし、その後、彼女は父親の銀行で出納係として働きはじめた（当時、これは男性の仕事とされていた）。

だが、イーダはそう思われるほど気丈ではなかった。1870年代、彼女はまず母親の死、次に2人の娘の死によって大きな打撃を受けた——1人目は3歳、2人目は生後わずか半年だった。彼女は癲癇症になり、その発作はもっとも都合の悪いときに起こりがちだった。あるときは夫の大統領就任舞踏会で発作に襲われた。ますます内気になった彼女は、その生涯をクロッシェ編みに捧げた。彼女は何千足ものスリッパをつくり、それを贈り物にした。

じだった。当然ながら、彼らはその従来型の戦闘に勝利し、4000人以上の犠牲者を出しながらもフィリピン諸島を獲得した。これに対して、フィリピン側はその5倍の数の犠牲者を出した。しかし、実際にフィリピンを支配することはもっと困難で、米軍はテロ戦術を用い、弓や槍で武装した村の戦士たちに機関銃を向ける結果となった。彼らは「容疑者」を捕らえ、拷問し、射殺して（「10歳以上の者はすべて殺せ」という命令がジェーコブ・スミス将軍から出された）、最終的に100万人の民間人が虐殺された。これに激怒した小説家のマーク・トウェインは、「私は鷲がその鉤爪を他のいかなる土地にかけることにも反対する」として、フィリピンの解放を訴えたが、アメリカはフィリピンをむしろ隷属させた。

責任の転嫁

キューバでの勝利はアメリカに浮かれたムードをもたらした。しかし、すぐに痛ましいニュースが伝わってきた。山や森林で軍事作戦を展開する米軍は、準備や装備がひどく不

マッキンリーの暗殺はアメリカに衝撃を与えた。チョルゴッシュの銃撃はまさに公然と行なわれた。彼は無数の群衆の目の前で、国際博覧会に行く途中だった大統領を撃った。

十分だった。軍事的には楽勝で、アメリカ側の犠牲者は400人にすぎなかったが、何千人もの兵士が次々に病に倒れ、結果として約5000人が死にいたった。マッキンリーはこれに対する批判を巧みに陸軍長官のラッセル・A・アルジャーに向け、彼は不始末の責任をすべて負わされた。

一方、マーク・ハンナの仲間や子分たちは、アメリカが名目上、「独立した」従属国家として距離を置いた方が好都合と判断した島で、儲け話に手を出していた。その１人のエステス・C・ラスボーンは、10万ドル（現在の270万ドル）の横領が発覚し、郵政長官としての地位を追われた。

最後まで温厚だったマッキンリーは高潔な死をとげた。1901年９月６日、ニューヨーク州バッファローで開かれていたパン・アメリカン博覧会の公式行事に出席していた彼は、無政府主義者のレオン・チョルゴッシュに撃たれた。銃弾を体に感じたとき、大統領が最初に考えたのはファーストレディーのことだった。彼はこのニュースをできるだけ穏やかに伝えるように随行者に頼んだ。彼が次に考えたのは暗殺者の保護だった。実際、チョルゴッシュは怒った群衆に銃を取り上げられ、ひどい暴行を受けていたため、そのまま殺される危険もあった。ただ、マッキンリーの慈悲は見当違いのものだった――それは殺人者が慈悲に値しなかったからではなく、チョルゴッシュはたとえ助けられても、結局は裁判にかけられ、有罪となり、数週間後には電気椅子で死刑に処されたからである。大統領はその前に死亡した。彼は数日間もちこたえ、医師たちに期待をいだかせたが、傷が壊疽となり、９月14日に亡くなった。

セオドア・ルーズヴェルト（在任1901－1909年）

合衆国大統領という肩書きは、その保持者のほとんどすべてに歴史的な貫禄を与えてきた。だが、セオドア・ルーズヴェルトの場合、その比類なき偉大さは役職を上まわるほどだった。とくに彼の性質に関していえば、「伝説的」という言葉は、この驚くほど精力的で活気に満ちた人物のためにつくり出された表現かもしれない。多忙にもかかわらず、彼はその愛称テディを熊のぬいぐるみに貸したばかりか、国立公園の整備にも取り組んだ。彼は自然保護論者でありながら、大きな獲物を狙う狩猟家でもあり、政治理論学者でありながら、活動家でもあり、「ラフ・ライダー《荒馬乗り》」（義勇騎兵隊）でありながら、優雅で上品な文筆家でもあった。彼は詩人ウォルト・ホイットマンが「私自身の歌」（1855年）の中で称えたアメリカの途方もない多面性を、見事に体現した人物だった。

政界のカウボーイ的英雄だった彼は、実際、1880年代にノースダコタで保安官代理を務めていた。それだけではない。1912年10月、政治家を引退した彼は胸に暗殺者の銃弾を受けた。しかし、その傷が致命的なものではなく、手当てを後まわしにできるとわかると、彼は野外活動家の落ち着いた度胸（政治家としての天性の舞台感覚はいうまでもなく）を見せ、そのまま１時間半にわたる演説で群衆を魅了した。その間、彼のワイシャツの胸にはゆっくりと血痕が広がっていた。

信頼の問題

とはいえ、ルーズヴェルトも良い面ばかり

彼がパナマ運河建設で大幅な予算超過をまねいたのは避けがたいことだった。

右：バッドランズでのルーズヴェルト。たしかに彼は気どり屋だったが、それが何であれ、間違いなく本物だった。有権者が彼の魅力にあらがえなかったのは当然である。

ではなかった。精力的な代議士だった彼は、1880年代初めにニューヨーク州の下院議員として、他のどの議員よりも多くの法案を起草した。彼は汚職に対しても熱心で、当時、縁故主義や手続きの悪用、収賄の温床だったニューヨーク市警の既得権益と戦った。また、独禁法取締官としての評価も高く、大企業がカルテルや「トラスト」として結びつき、談合によって資本主義の競争や消費者の選択といった概念を愚弄していたのを非難した。

しかし、彼の特徴として、その行動はつねに矛盾していた。それは彼が一般的な意味でじつは腐敗していたとか、強欲だったとかいうのではなく、性格があまりにも多面的だったために、通常のルールがあてはまらなかったのである。けっして経理に詳しくなかった彼が、パナマ運河建設で大幅な予算超過をまねいたのは避けがたいことだった。壮大なプロジェクトには壮大な心意気が必要だが、400万ドルの事業にその10倍の4000万ドルの費用をかけたというのは、かなり太っ腹である。大統領は巨額の浪費と知りながら、そこから分け前を得ていたのではないかとの疑いもあったが、これにはいっさい証拠がなかった。第一、彼はそんなことをする人物にはとても思えない。

作家、思想家、代議士、活動家など、セオドア・ルーズヴェルトはこのすべてであり、それ以上であった。ジェファーソン以来、これほど尊敬に値する人物が大統領の地位に就いたことはなかった。

ただ、ルーズヴェルトは細かいことを気にする男ではなかったため、そうした性格をうまく利用したのではないかとする皮肉屋もいる。だが、つねに全体像を忘れないでおけば、すべては「否定可能」だ。実際、1904年の再選運動で、彼が商務労働長官のジョージ・B・コーテルユーを選挙参謀に起用したことには、それなりの理由があった。経験豊富なコーテルユーは大企業の秘密を握っていたため、巨額の寄付を強引に引き出すことができた。この資金はルーズヴェルトの地滑り的勝

勇敢なセオドア・ルーズヴェルト大統領は、ソンブレロをかぶったコロンビアの脅しには屈しない。この風刺画はラテンアメリカとカリブ海諸国におけるアメリカの帝国主義政策を皮肉ったものである。

壮大な野心と費用を要したパナマ運河建設のプロジェクトは、セオドア・ルーズヴェルトの関心を引くこととなった。現場の労働者たちとともにここに写っている彼は、その完成を熱烈に望んだ。

利に大きく貢献した。さらに、1907年、USスティールとテネシー石炭・鉄との合併を支援したことで、その荒馬乗りは自身が懸命に守ってきた反トラスト法を完全に無視した。ただ、規則は破られるためにある（少なくとも彼によって）というルーズヴェルトの前提には、株式市場が混乱に包まれていた当時、一定の正当性があったのは確かだ。どんなに矛盾していようと、彼の行動は大暴落を阻止するのに役立った。

規則は破られるためにある（少なくとも彼によって）というルーズヴェルトの前提には、株式市場が混乱に包まれていた当時、一定の正当性があったのは確かだ。どんなに矛盾していようと、彼の行動は大暴落を阻止するのに役立った。

生長する雑草

チットー・ハージョが上院に訴えるためにワシントンへやって来たのは、ルーズヴェルト政権の２期目だった。「クレージー・スネーク《狂った蛇》」を意味する名前の彼は、マスコギー・クリーク族の酋長だった。彼の部族は、すでにアラバマの先祖代々の土地からオクラホマのインディアン特別保護区に強制移住させられていたが、入植者に道をゆずるため、ふたたび移住を迫られていた。有名な話――おそらく悪い意味で――だが、チットー・ハージョは白人と条約を結んだ部族の長老から、彼らの言葉は信用できると言われていた。

もちろん、そんな約束は長続きせず、クリーク族は数年後に立ち退かされた。1909年の「クレージー・スネークの反乱」もすぐに鎮圧された（流血がなかったのは幸いだった）。ルーズヴェルトはアメリカの先住民に対して現実的で世慣れた見方をしており、彼らはけっして特別な人間ではなく、良い者もいれば悪い者もいると言った。それは公平なように聞こえるが、政治的な弁解でもあった。彼はインディアンにも国民として共通の権利があるのではないかという考えを受け入れず、彼らの窮状に対する「誤った感傷主義」を冷笑した。

シルクハットをかぶった２人の森の住人、バリンジャーとピンショーは国有林をめぐって戦いを始める。自然保護という重要な問題（汚職はもちろん）がかかっていたが、アメリカ国民の多くはそれを理解していなかった。

THERE'S ONLY A LITTLE DIFFERENCE BETWEEN THEM
From the *Meddler* (Cincinnati)

ウィリアム・ハワード・タフト（在任1909－1913年）

136キロもの体重があったウィリアム・ハワード・タフトは、それまででもっとも巨漢のアメリカ大統領だった。「オールド・ジャンボ《大おやじ》」と呼ばれた彼は、政治家としてもけっして小物ではなかった。たしかに、やや機敏さに欠けた彼は、「百万長者のクラブ」だった上院に容易に出し抜かれた。彼らはタフトの反トラスト法案や、競争を阻害する輸入関税の引き下げに非協力的だった。また、タフト政権はちょっとしたスキャンダルも提供している――彼が確実に有罪になるとすれば、それはその判断ミスのせいだろう。

彼がアラスカ土地投機事件で愚直さを露呈したのは確かである。この事件は結果として、共和党を完全に二分した。一方のギフォード・ピンショーは自然保護論者として知られ、セオドア・ルーズヴェルトが農務省森林局の初代長官に任命した人物だった。もう一方は内務長官のリチャード・バリンジャーで、ピンショーから大企業の手先と疑われていた。早くも1905年、２人はバリンジャーが炭鉱を目あてにアラスカの土地を購入しようとしていたアイダホの投機家に関与したことをめぐって衝突した。この取引の調査を進めていた公有地管理事務所の職員が突然解任されたのも、どうやらバリンジャーの介入によるものだったらしい。

タフトは内務長官に味方した。それ以外にどうしようもないと考えたのだろう。だが1910年、事態は急展開した。あの元職員がマスコミに密告し、話の全容が公になったのだ。ギフォード・ピンショーは公然とその密告者を支持し、タフトは内務長官を罷免したものの国民に汚職の擁護者と見られるはめになった。

ウッドロー・ウィルソン（在任1913－1921年）

ウッドロー・ウィルソンは、クリーヴランドやハリソンと同じく、長老派教会の大統領であり、その清廉かつ安定した雰囲気はプリンストン大学総長という地位によってさらに高められた。彼は保護貿易主義の関税やトラストといった実業界の不正に非常に厳しかったため、批評家から「ボルシェヴィキ」――ロシアで権力を奪おうとした革命論者たち――と非難された。実際のところ、二大政党はいずれも資本主義を救う必要性を認識していた。真の競争が求められ、投資家には真の透明性が求められていた。

彼には自分自身、あるいは国家のために、政治的利益よりも名誉を重んじる覚悟があった。1914年、彼は議会にアメリカの船舶がパナマ運河を無料で利用する権利を自主的に放棄すると述べ、議員らを驚かせた（タフトはその権利を主張して、論議と大きな疑惑を呼んだ）。その前年には、ウィルソン政権のお気に入りだったメキシコの自由主義者フランシスコ・マデロが処刑され、ヴィクトリア

彼には自分自身、あるいは国家のために、政治的利益よりも名誉を重んじる覚悟があった。

ーノ・ウエルタの軍事政権が権力を掌握したが、ウィルソンはこれを承認しなかった。

もちろん、他の主権国家で誰が権力を握り、誰が握るべきでないかは合衆国大統領の口出しすることではないかもしれない。しかし、ウッドロー・ウィルソンはその性格からして干渉主義者であり、何もせずに傍観していることができなかった。彼はハイチ、ドミニカ共和国、そしてメキシコに介入し、やがて第１次大戦に参戦するためにフランスへ兵士を派遣した。人びとは彼をそんなふうに思ったことはなかっただろうが、この物静かでアカ

右：厳格で堅苦しいイメージのウッドロー・ウィルソンは、ひとたびホワイトハウスに入ると、意外にもむこうみずな性格を現し、第１次大戦はもちろん、世界中の危機に介入した。

左：大統領にはめずらしく高潔で礼儀正しかったウィリアム・ハワード・タフトは、その行動のすべてにおいて非常に正直だったが、それでも彼の指揮下では汚職が行なわれた。ときどき彼はあまりの世間知らずから損をした。

デミックな感じの男は、じつはセオドア・ルーズヴェルトと同じくらいむこうみずで、いざとなれば規則を破る覚悟もあった。ヨーロッパでの戦争にアメリカを動員するための助けとして企業の幹部を登用したことは、明らかな利害の衝突をまねいた。彼はそれだけの価値があると主張し、その根拠は正当なものだった。南北戦争が勃発したときと同じく、大口の（そして迅速な）契約は恥知らずな仲介業者にとって大きな利益を意味した。ここでもまた、ウィルソンにとっては目的が手段を正当化したのである。

ウッドローの女性たち

エレン・アクソン・ウィルソンはブライト病に苦しんでいた。そんな状況なら当然だが、彼女はいつも沈み込んでいた。それは長年にわたってウッドロー・ウィルソンとの結婚に緊張をもたらし、1914年、彼女はホワイトハウスで亡くなった。そのまさに翌年、彼はイーディス・ガルト・ウィルソンと再婚した。彼女はあの有名なアメリカ先住民の族長の娘ポカホンタスの直系の子孫だった。

しかし、ウィルソンの再婚があまりにも早かったために、ワシントンでは２人がもっと前から関係していたのではないかという噂が生じた――ウィルソンは本当に妻が亡くなってから新しい恋人と関係をもったのか。彼は妻を殺させたのではないか。ありとあらゆる噂がワシントンに広まったが、そんなゴシップは一時の熱病のように消え去り、厳格な大統領の再婚がスキャンダルとして騒がれることはほとんどなかった。

イーディス・ウィルソンはまぎれもない支配者階級の令夫人だったが、その印象的な容貌は、会う者に非常にロマンティックな血筋を思い起こさせた。彼女はポーハタン族の族長の娘ポカホンタスの直系の子孫だった。

黒人差別

ウッドロー・ウィルソンのその後のニュージャージーとの結びつきを考えれば、彼が子供時代のほとんどをジョージアで過ごしたことは忘れられがちだ。また、道徳全般に対する彼の厳しさや名誉を重んじる姿勢を考えれば、たとえ受け身であれ、彼が南部で人種差別の発展を支持していたことは忘れられがちだ。

ウィルソンの先祖には奴隷制廃止論者もいたようだが、彼のそうした態度は南部連合に仕えた家族によって方向づけられたものらしい。彼の少年時代の最初の思い出は、勇ましい南軍のロバート・E・リー将軍との出会いだった。「白人限定」の標識がワシントンDCのトイレの外や噴水式水飲み場の脇に掲げられ、異人種間の結婚が禁じられたのは、彼の在任中だった。さらに南部では、人種差別が何十年も前から行なわれていたが、少なくとも連邦の建物（郵便局や裁判所など）ではそれがいくらか軽減されていた。ところが今、大統領の承認のもと、こうした最後の聖域までが失われた。もはやアフリカ系アメリカ人がより良い暮らしを期待できるような施設は１つもなかった。

だが、実際のところ、それは大統領が一緒にいて安らぎを得られる女性を求めたということだけではなかった。２人が交わした手紙は、堅物の大統領がイーディスに深く急速に恋焦がれ、彼女もまた彼に対して同じ気持ちであったことを示唆している。

もっとも、後にジミー・カーターが言ったように、ウィルソンが少なくとも心の中で不義を犯していたと疑うだけの十分な根拠はある。1909年、プリンストン大学総長として、ニュージャージー州知事選への立候補を考えていたウィルソンは、同州に大邸宅をもつメアリー・アレン・ハルバートという裕福な女主人と知り合った。その後、約200通に及ぶ親密な手紙が明るみに出た。それを書いたのは大統領で、手紙は気どった学者という彼のイメージを覆すものだった。だが、２人の「思い」が真剣だったとはいえ、それが肉体関係に発展したかどうかは不明だ。証拠はあくまでも間接的なものにすぎない。

ただ、もしこれが事実なら、メアリー・ハルバート・ペックの忠義と誠意は立派なものだ。彼女はおそらくウィルソンとキスしただろうが、それを口にしようとはしなかった。ウィルソンからのラブレターを引き渡せば、対立する共和党から大きな見返り——最大30万ドル（現在の800万ドル）と考えられる——が得られたにもかかわらずだ。しかも当時、彼女は大統領との情事が原因で離婚し、不運にも金に困っていた。

だが、２人の「思い」が真剣だったとはいえ、それが肉体関係に発展したかどうかは不明だ。証拠はあくまでも間接的なものにすぎない。

第1次世界大戦に動員されるアメリカの若者たち。ウッドロー・ウィルソンの決断は孤立主義の政策を覆した。合衆国はより強力な国として浮上したが、10万人以上の命が犠牲となった。

ウォーレン・G・ハーディング（在任1921－1923年）

もしスキャンダラスな大統領たちの顔が彫刻されたラシュモア山があるとすれば、ウォーレン・G・ハーディングの顔もそこになければならないだろう。かつてのユリシーズ・S・グラントと同様、彼も積極的に関与したわけではないものの、汚職が蔓延していた時代の大統領だった。実際、彼は秘密を隠しておけなかった。選挙戦で、スタッフはキャリー・フィリップスという彼の愛人がすべてを暴露するのではないかと懸念していた。彼らは口封じのため、彼女に2万ドル（現在の24万ドル）を支払ったが、さらに高い金額を要求されないとも限らなかった。案の定、大変な美人だった彼女は関係を暴露すると脅してきた。皮肉なことに、キャリーはウォーレン・ハーディング上院議員の妻フローレンスの親友だった。彼女はハーディングとの関係が進んでいる間も、夫婦でハーディング一家と何度か休暇をともにした。キャリーに魅了されたハーディングは、詩までつくるほど心を奪われていた。

ただ、彼には文学的センスが欠けていたようだ。それは政治とも関係していたかもしれず、ハーディングに本当に政治的手腕があったかどうかは疑わしい。大統領在任中、彼自身が悲しげにこう言っている——「私はこの役職に向いていないし、ここにいるべきでは

なかった」

彼には妻の友人と浮気するという癖があった。結婚して３年、彼は幼なじみだったスージー・ホダーと浮気し、女の子を産ませた。フローレンスは歯を食いしばり、政治家の妻という権力の代償として、夫の不実を受け入れようとした。だが、それに続くキャリー・フィリップスの裏切りには彼女も怒りを爆発させた。

ハーディング上院議員の浮気相手は妻の友人たちだけだったわけではない。少なくとも、彼の事務所のタイピストだったグレース・クロスとは長く交際していた。ハーディングは就任式の前夜にウィラード・ホテルで彼女と密会していたといわれており、大統領在任中をとおしてこの逢瀬は続いた。また、彼はローザ・ホイルという女性に非嫡出の息子を産ませ、オーガスタ・コールには子供を中絶させた。ワシントン・ポスト紙の所有者兼経営者のネッド・マクリーンは彼の親友で、喜んで情事の仲介をする男だった。彼は大統領に「ミス・アリコット」としか知られていないポスト紙の従業員のほか、元コーラス・ガールのメイズ・ヘイウッドとブロッサム・ジョーンズを紹介した。1923年、ハーディングは急病に陥って死亡した。あらゆる状況から、これは食中毒によるものとされた。しかし、当然ながら、国民の多くは大統領の食事に故意に毒が盛られたのではないか、フローレンスが夫の度重なる浮気に耐えきれなくなったのではないかと疑った。

左：ウォーレン・ハーディングが威圧的な態度で人差し指を立てている。彼は堂々としているように見えるが、残念ながら、官僚に任命した旧友たちに対しては、大統領らしい権威を示すことができなかった。

ハーディング上院議員の浮気相手は妻の友人たちだけだったわけではない。少なくとも、彼の事務所のタイピストだったグレース・クロスとは長く交際していた。

「私の忌まわしい友人たち」

「自分が女でなくてよかった。女だったら、私はつねに妊娠させられているだろう。私はノーと言えないのだ」と、あるとき大統領は告白した。彼はいつも自分ではどうしようもできないと言っていた。これがどこまで見せかけだったのか、言い訳のための方便だったのか、われわれにははっきりわからない。だが、このひどい色魔は女性を意のままにすることは得意でも、男性に抵抗することは苦手だったようだ。とりわけ、故郷オハイオ州の昔なじみで、彼がもっとも親しくしていた一部の男たちには抵抗できなかった。彼が対応に苦慮したのはその政敵ではなかった——「私の友人たち、私の忌まわしい友人たち、彼らのせいで私は毎晩、頭を抱えて部屋を歩きまわらされている」

彼が毎晩、どのくらいの時間、部屋を歩きまわっていたのかについては疑問がある。すでに見てきたように、彼は数々の愛人との浮気で手一杯だったはずだ。それでも、彼は友人たちと過ごす時間があった。禁酒法が施行されていたはずにもかかわらず、明け方まで続くホワイトハウスのポーカー・パーティーではウイスキーが大量に出まわった。もちろん、そうした飲み物を合法的に手に入れる方

フローレンス・ハーディングは、名目上はファーストレディーだったが、実際はウォーレン・ハーディングが関係した数々の女性たちの後ろにいた。大統領の性的無節操は見下げたもので、本人も「私はノーと言えないのだ」と嘆いた。

法はなかったが、ハーディングは有力な酒類密造者たちと親しい間柄だった。ただ、彼らはハーディングの他の仲間たち以上に俗悪だったわけではない。そうした連中は政府をまさに売り物にして、アメリカを最高値入札者に売り渡していたのである。

重要な容疑者

アルバート・B・フォールは重要な容疑者の1人だった。彼ほど内務長官の地位にふさわしくない候補者はいなかっただろう。彼はその任命を横領や略奪への招待と考えた。ハリー・M・ドーアティーの司法長官への任命も、もしそれが真面目な話でなかったら、気

「大統領の娘」

大統領のもっとも悪名高い婚外交渉はナン・ブリトンとのものだった。彼女はそれを『大統領の娘』（1927年）という回顧録で赤裸々に語った。最初は彼の上院議員室、その後はホワイトハウス、しかも少なくとも一度は大統領執務室の納戸の中で行なわれた官能的な接触を、その本は耐えがたいほど詳細に記していた。われわれはこういった話に慣れているが、ナンの本がはじめて出版されたとき、世間は大騒ぎだった。当時はそうしたことが公になることはけっしてなかった。彼女とハーディングは、彼のスタッフや護衛たちが完全に見て見ぬふりをする中で情事を続けた。だが、あるとき、密会が行なわれていると聞いたフローレンスが、夫とその愛人のいる現場へ乗り込んだ。ナンの本の題名となった娘のエリザベス・アンは、早くも1919年に生まれていた。彼女は数年後、ナンの最終的な夫の養女となった。

ナン・ブリトンとエリザベス・アン――この少女こそがナンの回顧録のタイトルになった「大統領の娘」である。彼女とウォーレン・ハーディングが長く（そしてひどく不謹慎な）不倫関係にあったことは疑いの余地がない。

の利いたジョークになったかもしれない。ハーディングの選挙参謀として、このオハイオ出身の弁護士がなみはずれた正確さで何週間も前に予測していたのは、おもなライバルたちが膠着状態にあるのを横目に、ハーディングが党の指名を勝ち取るということだった。着任後、ドーアティーはこの国最高の法律家であると同時に、最高の横領者となった。自分とその上司の名誉のために、ハーディングの死後、法廷へ召喚された彼は「黙秘権を行使した」。一方、図々しいほど大胆な犯罪として、同じく「オハイオ・ギャング」のメンバーだったチャールズ・R・フォーブズの汚職は他に匹敵するものがない。彼は陸軍の脱走兵だったにもかかわらず、大佐の階級を与えられた。ハーディングは彼を退役軍人局の局長に置いた。その後、考え直して、1923年初めに辞職を迫ったが、それはフォーブズが2億5000万ドルを着服した後のことだった。医療品を民間の販売業者にまわして個人的利益を得たり、退役軍人病院の建設をめぐって手数料を取ったりで、彼は税金から多額の私利を得ていた。

ティーポット・ドーム事件

ワイオミング州の油田であるティーポット・ドームの名は、奇妙な形に突出したティーポット岩に由来する。1921年当時、それは先を見越したタフト大統領によって、非常事態にアメリカ海軍が使うための油田の1つとして保存されていた。だが、同年にアルバート・B・フォールが内務長官に就任すると、彼は数週間のうちにハーディング大統領を説得し、これらの油田を自身の省に移管させた。息つくまもなく、彼はすぐにカリフォルニア州エルク・ヒルズの油田を友人のエドワード・L・ドヘニーに貸与し、その一方でティーポット・ドームをシンクレア石油の別の親友ハリー・F・シンクレアに貸し出した。採掘権も競争入札にはかけられず、買い手はどちらも破格値でそれを購入した。また、彼らがフォールに気前の良い贈り物と、40万ドル（現在の480万ドル）もの「融資」を提供したことも判明した。

ウォール・ストリート・ジャーナル紙は1922年にすでにその話を知っていたが、ハーディング政権はとくに急いで調査する様子は見せなかった。一連の手続きが進んでも、そのプロセスは文書の紛失によって中断された。実際に進展が見られたのは、ハーディングが退任してからだった。1927年、その取引は違法と判断され、アルバート・B・フォールは刑務所に送られた。彼は在任中に罪を犯して収監された最初の閣僚となった。

関与

われわれはみずからに値する政府を得るとよくいわれるが、アメリカ国民はハーディングとその盗癖のある仲間に値するだけの何をしただろうか。だが、考えてみれば、有権者も大企業も「正常に戻ること」を求めてハーディングを選んだとき（アルバート・B・フォールは彼にそれを夢見た）、より安楽な時代を期待していたことは間違いない。すなわち、これは緩和を意味した。タフトやウィル

右：オハイオ・ギャングは、ワシントンDCのK通りにあるこの「リトル・グリーン・ハウス」で会議を行なっていた。彼らがあらゆる詐欺を考え出したのもこの場所で、とくに悪名高いのがティーポット・ドームの企てだった。

この写真はティーポット・ドーム事件を揶揄したものだ。その事件から前向きな要素が得られたとすれば、それは天然資源が不足しているという問題と、将来のために資源の枯渇を防ぐ必要があるということが明らかになったことだ。

ソンの時代の厳格な規律政治の後で、それは状況が和らぐことを示唆していた。富裕層にとって魅力的な税控除、国内産業を外国との競争から守る関税の引き上げ、トラストの黙認、そして労働組合——移民の流入によって賃金が下がることを恐れていた——をなだめるための移民規制。つまり、アメリカにとってはなんの苦もなく得をするという、ただ同然の革命だった。それが残念な結果になったことは本当に意外なことなのだろうか。

第7章

恐慌と大戦――偉大なる詐欺師たち

好景気から不景気へと転じ、世界大戦によってふたたび繁栄を取り戻す――20世紀の第2四半期は目まぐるしく変化した。かつてないほど重大な危機が次々と生じるなか、合衆国大統領はつねにその渦中にいた。

左：カルヴィン・クーリッジの厳しい顔つきは、「狂騒の20年代」の精神とは対照的だった。だが、彼にも意気揚々とした時期はあった（写真上）。経済に関しても、彼は自由放任主義を信じて鷹揚だった。

Supreme
AL JOLSON
IN
WITH VITAPHONE
2.30 TWICE DAILY
Sunday Matinees
WARNERS
WARNERS' THEATRE
WARNERS'
AL JOLSON
"THE JAZZ SINGER"
NOW PLAYING
"THE JAZZ SINGER"

「もし何も言わなければ、それを繰り返すように求められることはない」

1920年代は熱に浮かされたように駆け抜けた。これは「ジャズ・エージ」と呼ばれ、ダンスと酒（禁酒法にもかかわらず）の時代だった。タフト＝ウィルソン時代の禁欲と戦争の不安が終わり、アメリカはお祭り気分に包まれていた。金もあったし、それをつぎ込むだけの物もあった。ラジオや映画といった新しい技術によって新しい形の消費活動が生まれ、それは宣伝広告や、分割払いといった斬新な買い物方法によってさらに進化した。冷蔵庫や電気掃除機など、家電製品も月賦で手に入れることができた。1920年、合衆国には800万台の自動車があったが、1929年までにそれは1800万台になった。その途中の1925年には、１日１万台のＴ型フォードが生産ラインから出荷されていった。政府の役割は企業の邪魔にならないように脇へ寄り、彼らに繁栄を築かせることだという考え方を、ウォーレン・ハーディングはすでに導入していた。工業生産高が約40パーセントも上昇したとき、カルヴィン・クーリッジは「ビジネスこそ、アメリカの本分である」と言った。1920年代の狂騒とともに、株式市場も拡大した。株式所有が一般市民にも広がり、かつてないほどの数の人びとがアメリカの繁栄の株主となった。

第１次大戦後の経済的繁栄は、ジャズやパーティー（禁酒法にもかかわらず）、大衆娯楽、投資家の信頼、そして消費ブームに沸く狂騒の10年を支えた。

カルヴィン・クーリッジ
(在任1923－1929年)

カルヴィン・クーリッジが大統領に就任したとき、ホワイトハウスはまだハーディング政権の余韻を引きずっていた。それは自家製ジンを何本も飲み干した後の二日酔いのようなものだった。しかし、このきわめて厳格なニューイングランドの弁護士は、完全なしらふだった。彼はアメリカがおおいに必要とした清廉さをもたらした。彼の政権の美点は、自由奔放で金遣いの荒いアメリカに対して、高潔と規律への回帰という姿勢を示そうとしたことだ。ただ、実際に規則が厳しくなることはなかった。もちろん、これはクーリッジの「自由放任主義」の哲学に沿ったものだった。政府はできるだけ企業の活動を邪魔するべきではないというのが彼の信念で、それはさらにエスカレートした。性格的に「慎重なカル」――マサチューセッツ州知事時代、1919年のボストン警察ストライキになかなか州兵を投入しなかったことからそう呼ばれた――は、干渉を嫌ったようだ。

だが、それはときに気がかりなほどだった。ティーポット・ドーム事件の訴追が最後まで継続されたのは、あるいは、他のスキャンダルの捜査がハーディング時代からもち越されたのは、じつは大統領のおかげではなかった。彼はひどく漠然とした大まかな方法で、大統領の地位に品格をそえた一方、断固たる行動をとることにはほとんど関心がなかった。それは公民権に関しても同じだった。彼はアフリカ系アメリカ人の公民権を支持し、当時、最南部で多発していたリンチを非難した。しかし、ここでも彼は南部の白人を敵にまわすのを恐れて、直接行動をとらなかった。南部の民主党員に迫られ、北部のリベラルに懇願されても、彼はクー・クラックス・クランに対して直接行動をとろうとしなかった。彼は静かに行動することを好むことが多く、アフリカ系アメリカ人の指導者たちはもちろん、同じくクランの差別主義者から標的とされていたユダヤ人やカトリック教徒たちとも話し合いをもった。それまでの大統領と比べて、クーリッジはこの点では良識の柱石だった。だが、そんな彼もつねに事を荒立てなかったわけではない。

それはときに気がかりなほどだった。ティーポット・ドーム事件の訴追が最後まで継続されたのは、あるいは、他のスキャンダルの捜査がハーディング時代からもち越されたのは、じつは大統領のおかげではなかった。

彼は新たな移民に対して強硬路線をとった。1920年代全体で、合衆国の人口は1億500万人から1億2200万人に増加した。一方、失業者数にほとんど変化はなく、約100万人と比較的少なかったが、国民は新たな移民に警戒の目を向けていた。1924年、クーリッジ政権は移民を歓迎しないこのムードに、取り締まりと新しい割りあてをもって対応した。どの国籍の移民についても、すでに国内に存在する同じ国籍者の全数の2パーセントしか入国を認められなくなった。もちろん、これは人口の大多数を構成していたアングロ・サ

ニューヨーク港のエリス島は、毎年何千人もの移民たちにとって新世界での新たな生活への入り口だった。しかし、新しい法律により、アングロ・サクソン系ばかりが増えた。

クソン人には不利な政策だったが、それでも彼らの兄弟姉妹はほとんど自由に来ることができた。しかし、その他の民族集団にとっては入国への扉がゆっくりと閉まるようだった。割りあてによれば、フランス移民は毎年3000人、イタリア移民は5000人、ドイツ移民は2万5000人しか入国を認められなくなり、アジアなどからはごく少数しか入国できなかった。すでにアメリカにいた中国人たちは、新生児の数を抑えるために結婚を禁じられた。

慰めにならない慰め

クーリッジは産業や消費活動の急速な拡大を抑えるための介入を嫌ったが、景気が厳しくなっても、彼はそれ以上に介入を嫌った。アメリカでは目まいがするほどの経済成長が続いていた一方、すでに衰退の兆しも現れており、敏感な者たちにはそれがわかった。実際、誰もが好景気の恩恵を受けていたわけではない。アメリカの農業はその空前の繁栄に有頂天となり、数年にわたって過剰生産を続けていた。やがて当然の結果として、生産者価格が下落した。中西部の小作人たちは地代の支払いに苦労し、多くの地主は彼らが負債を返済できなくなった場合にそなえて、高い

人種と沈黙

クーリッジは人種差別主義者だったのだろうか。まさに文字どおりの意味なら、その答えはイエスでなければならない。少なくとも、彼は当時の人種差別論のいくつかに賛成していた。実際、彼は「生物学的な法則によれば、北欧人種は他の人種と混ざると劣化する」と示唆したのである。今日の観点からすれば、われわれはこの「生物学的な法則」がどんなもので、「北欧人種」が何をさし、「劣化」はどのように測るのかと聞きたくなる。だが、大統領にとって好都合なことに、当時はこの科学的に聞こえるばかげた考えが北米とヨーロッパの教養人に強く支持されていた。もちろん、それはヒトラーの「最終的解決」の恐怖につながったわけだが、あまりこれに直結して考えすぎると、この思想のもっと「穏健な」解釈がどれだけ一般的だったかを見逃してしまう。

クーリッジは政治的現実主義者であり、アメリカの教養人たちほど「生物学的な法則」に関心がなかった。社会のために、彼は誰もが仲良く暮らすべきだと信じていた。今では非現実的に思われるが、彼は「皮膚の色で人種差別をしない」考え方をめざした。それが口先だけでなかったのは確かである。ホワイトハウスの執事だったアーサー・ブルックスを「立派な黒人紳士だ」と言われて、大統領はこう答えた——「ブルックスは黒人紳士ではない。彼は紳士だ」

白人の支配者層は、アフリカ系アメリカ人に恩着せがましい見方をするのがせいぜいだった。多くの役人や政治家、世論形成者たちは依然として、彼らの劣等性を当然のこととする「科学的」理論に同意していた。

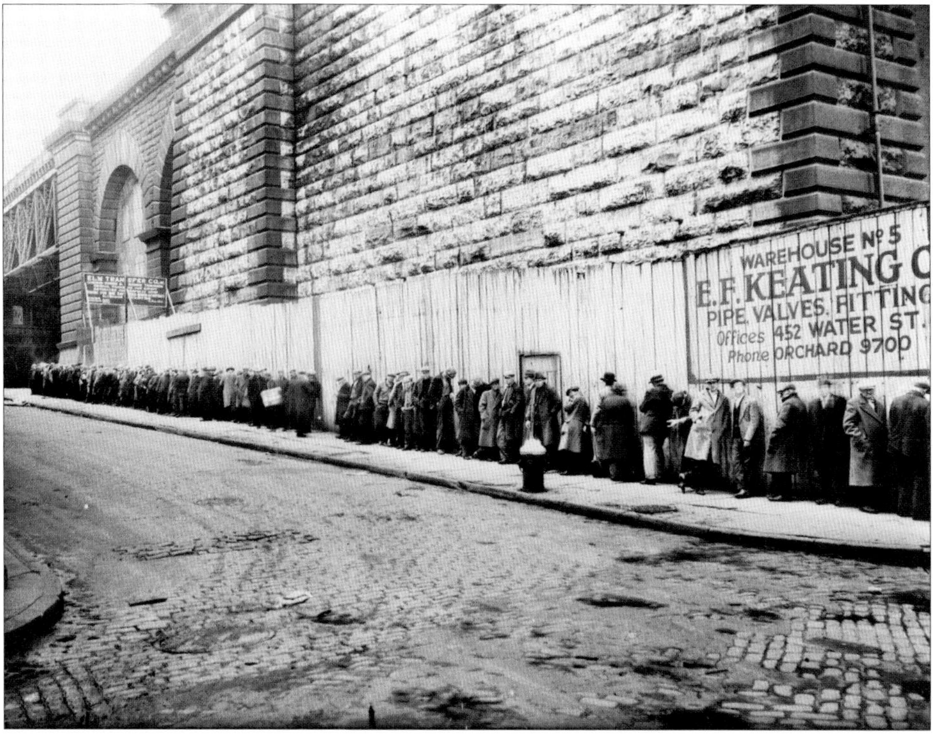

一部の者たちの目には、アメリカ経済の不吉な前兆は「恐慌」のずっと以前から見えていた。しかし、スラム街でパンの配給を受ける人びとの列は、安楽な暮らしをする階級の視界には入らず、気にもされなかった。

抵当権を設定していた。全米農業局はホワイトハウスに代表団を送った。だが、残念ながら、カルヴィン・クーリッジ大統領の返事は慇懃無礼なものだった――それは政府の問題ではないので、手は貸せない。

介入不足

高まる産業不安への政府の対応はただ無関心なばかりか、不誠実でもあった。クーリッジは賃金や条件、安全基準に関する規制に介入することをつねに拒んだ。また、雇用主が労働組合員を排除するために制限的な契約を課したり、工場閉鎖を実施したり、あるいはストライキ参加者を攻撃するために暴力団を雇ったりしたときでさえ、政府は少しも牽制しなかった。ところが、労働者側が一瞬でも勝ちそうになると、クーリッジはこれ以上ないほど迅速に介入した。1922年、炭鉱労働者によるストライキから暴動が勃発すると、政府は石炭生産を守るために戦時下の法を発動し、そのストライキを違法と宣言した。クーリッジがスト破りを保護し、デモを鎮圧するために州兵を送り込んだとき、30万人の製鋼工によるストライキが破られた。そして、労働組合の幹部たちは公安に関する怪しげな容疑で逮捕された。

ハーバート・フーヴァー（在任1929–1933年）

一方、白人の中流階級のアメリカ人にとって、その10年間はずっと好景気だった。1928年の大統領選挙に関していえば、それは「競争にならない」ものだった。クーリッジは再出馬を拒んだが、ハーバート・フーヴァーという立派な後継者がいた。商務長官だった彼は、その未曾有の好景気を生み出すことに貢献したとアピールすることができた。しかし、やがてつけがまわってきた。今ではほとんど忘れられているが、フーヴァーの大統領就任式の宣誓から数週間後の1929年3月、ウォール街の株価は30パーセントも急落した。だが、株価はすぐに回復し、9月初めのさらなる低迷にもかかわらず、市場は楽天的なムードに包まれていた。暴落の噂は忌むべきもののように退けられた。

しかし、10月21日、600万株の売り注文が殺到し、株価は底値まで落ち込んだ。2日後には1300万株が売られ、一流企業の株がその巨額の価値を失った。損失額は第1次世界大戦に費やされたアメリカの総支出額を上まわった。各銀行が団結し、株式市場を支えるために

フーヴァーは意思伝達が得意というわけではなかったが、それでも無線放送の新しい技術を使うことができた。このメディア革命はアメリカの政治を変えようとしていた。

共同で3000万ドルの提供を約束したが、信用が失われた今、それは焼け石に水だった。10月29日、5000もの銀行が自己破産を宣言し、900万の口座があっというまに抹消された。この「暴落」神話によれば、狂乱した株の仲買人がウォール街の窓から次々と飛び降りたといわれるが、実際にそんなことは起きなかった。現実はそれとはまったく異なり、小さな町の小売店主や学校教師たちが貯蓄を失った。

思いやりがない？

フーヴァーは選挙運動中、関税水準についての先まわり情報を与える見返りに、キューバの砂糖業界から献金を受けたという疑惑をまねいたが、彼はけっして悪党ではなかった。彼は賄賂を受け取るどころか、大統領としての自分の給与を慈善団体に寄付すると約束した。しかし、多くの良心的な人びとがそうだったように、彼の考えは独りよがりだった。

次々と表面化する事態に対して、彼の対応はひかえめにいっても不適切だった。イデオロギーの囚人だった彼は、クーリッジと同じく、政府の役割は規制の枠組みをつくることであり、経済はその自然ななりゆきにまかせるべきで、必要以上の介入は危険だと考えていた。彼は経済の過熱ぶりを内心では懸念しており、銀行家たちに話して、投機を助長する無責任な信用貸しはひかえるように求めたが、公然たる介入は彼のやり方ではなかったようだ。

彼は（後のクリントン大統領が言ったように）「あなたの苦しみはわかります」と国民に語りかけることもできなかった。それどころか、彼は人びとに事態はそれほど悪くないと言った。何百万人もの人びとが貯金を失い、何万人もの人びとが仕事や家を失ったにもかかわらずである。アメリカの主要都市の周辺には「フーヴァー村」と呼ばれる貧民街が出現し、多くが「フーヴァー毛布」と呼ばれる古新聞をかけて眠ることを余儀なくされた。「実際に飢えている者はいない」と彼は言ったが、厳密に解釈すれば、たしかにこれは事実だった（餓死した者はほとんどおらず、いたとしても、それはおもに他の理由による弱者だった）。その一方で、何万人という人びとが空腹と栄養失調に苦しんでいた。嘆かわしいほど判断力に欠けていた彼は、家畜に飼料を与える計画は支援しながらも、飢えた人間を支援する計画は妨害した。そのため、人間よりも動物の方が心配なのかという反発をまねいた。もちろん、それはそんなに単純な話ではなかった。施しは人間から働く意欲を奪うものであり、彼らには仕事を探し続けるための動機が必要だと彼は判断したのだ。だが、人びとの大半が仕事を見つけられないことは明らかだった。

彼は愚かなほど楽観的で、連邦政府に支援計画の立ち上げを求めにやって来た1930年の代表団に対してこう言った――「諸君、君たちは来るのが60日遅すぎた。大恐慌はもう終わったのだ」。これが本当だったなら良かった。大恐慌はその後、合衆国と世界をさらに強く締め上げて、すべての世代に傷跡を残すこととなった。しかし、フーヴァーはその現実をけっして認めようとせず、1932年の「ボーナス軍」――失業した第1次世界大戦の退役軍人らが窮状を訴えるために家族とともにワシントンへやって来た――も厄介者扱いし、毅然とした対応が必要と判断した。

フーヴァーはその危機の規模を大きく見くびり、国民感情を完全に見誤った。彼は絶望した第1次大戦の退役軍人たちが政府の怠慢に抗議したとき、彼らを厄介者として扱わせた。

彼は相手がまるで本物の敵の軍隊であるかのように、彼らの撃退に機関銃や戦車で武装した軍隊を派遣した。指揮官は後に日本の占領をまかされたダグラス・マッカーサー将軍だった。それに続く非道な暴力により、2人の退役軍人が犠牲となった。

南部戦略

フーヴァーは、不干渉主義の態度においてクーリッジと見解を同じくしたが、人道主義者としての真の名声も築いていた。第1次大戦後、彼は飢えに苦しむヨーロッパへの救援を組織した。そこには敗戦国ドイツも、共産主義のロシアも含まれていた。官僚となった彼は神々しい光に包まれていたが、その光は1927年のミシシッピ大洪水への対応によって大きく損なわれた。政権の方針に合わせるため、彼は不干渉主義的な干渉を実践した。つまり、軍や州兵を配備するのではなく、「地域住民」に被害への対応をまかせたのである。

それは大成功をおさめ、地元の実業家や牧師が町役人たちと協力し、洪水で家を失った何千もの家庭に支援を行なった。しかし、1920年代の最南部では、地元の実業家も牧師も町役人たちも、アフリカ系アメリカ人を対等に扱おうなどとは夢にも思っていなかった。そのため、支援も白人家庭が優先され、物資は黒人の分益小作人より白人の地主へまわされた。アフリカ系アメリカ人たちは収容所に集められ、そこから逃げようとすると容赦なく殴られた。また、奴隷制時代のひどく

地方の貧しい者や土地をもたない者たちは仕事を探して都市に群がった。しかし、多くの場合、彼らは「フーヴァー村」と呼ばれる惨めな貧民街で暮らす結果となった。これはシアトルの外れにあった村の様子。

不愉快な記憶を思い出させる制度として、黒人労働者は作業部隊に徴用され、白人監督から怒鳴られ続けた。

遅ればせながら、フーヴァーは自分の過ちに気づいた。次の選挙に向けてアフリカ系アメリカ人の票を確保したかった彼は、どんな事態になっても沈黙を守れば、それだけの見返りを与えると地域社会の指導者たちに約束した。彼らはしぶしぶ了承し、結果として、フーヴァーの政治的打算どおりに物事が進んだ。南部の白人票は浮動票だったため、彼はいわゆる「南部戦略」を導入した。つまり、これは卑劣にも南部での人種差別に迎合しようとするもので、各地のアフリカ系アメリカ人指導者を排除し、彼らのかわりに白人を任命した。アフリカ系アメリカ人たちが事態を把握しきれぬうちに、フーヴァーは南部の黒人と白人両方の票を獲得し、1928年の選挙で一挙両得をものにした。しかし、人は一度

次の選挙に向けてアフリカ系アメリカ人の票を確保したかった彼は、どんな事態になっても沈黙を守れば、それだけの見返りを与えると地域社会の指導者たちに約束した。彼らはしぶしぶ了承した。

でも咬まれると用心深くなるもので、黒人たちの不信感は1932年のフーヴァーの敗北に大きく影響した。

フランクリン・D・ルーズヴェルト（在任1933－1945年）

フランクリン・デラノ・ルーズヴェルトの経歴は、アメリカ共和国のそれと同じくらい貴族的だった。父方は「古オランダ」系移民、母親のサラ・デラノはユグノー（17世紀に故国を追われたフランスのプロテスタント）の一族の子孫とされ、デラノ家の本来の姓は「ド・ラ・ノイ」だった。一方、ルーズヴェルト家は銀行業と貿易業で財をなした代々の

こうしたキューバの大農園で栽培された砂糖の多くは、貪欲なアメリカ市場にそっくり食い尽くされた。フーヴァーの1928年の選挙戦は生産者からの献金をめぐって論議をまねいた。

名家だった。セオドア・ルーズヴェルトの一族とは「無関係」ではないが、けっして近縁ではなかった。そのため、1905年にフランクリンがセオドアの姪エレノア・ルーズヴェルト（彼の5代目のいとこ）と結婚したことは、かえって好都合だった。サラは2人の結婚に猛反対したが、傲慢で独占欲の強かった彼女はどんな嫁にも満足しなかっただろう。

夫婦は互いに幸せだったようだが、エレノアと義母との関係は悲惨だった。また、彼女は性行為をあまり好まず、それを「耐えるべき試練」のように思っていたらしい。それでも、彼女は夫との間に6人の子ども（そのうちの5人が生き延びた）を産むほどにはその試練に耐え、夫も政界でのキャリアを築きはじめた。1910年、彼は地元（ハドソン川流域のハイド・パーク近く）での一族の知名度を利用して、ニューヨーク州上院議員に選ばれた。彼はすぐさま十字軍のような熱意を示し、それまで州政を牛耳っていたタマニー派の幹部と対決した。同時に、彼は国家レベルでも頭角を現し、1913年にウッドロー・ウィルソンから海軍次官に任命された。これは彼が少なくとも当面は、州政から離れることを意味した。

名門出の大統領だったフランクリン・D・ルーズヴェルトは、アメリカ政界にちょっとした気品をもたらしたが、その内情は必ずしも世間の詮索に耐えられるものではなかった。

ニューポート・ニューズ

ルーズヴェルトは海軍次官としての任期の終わりに、ニューポートの性的不祥事をめぐって失態を演じた。ロードアイランド海軍基地の水兵と地元住民（ときには著名人も含まれていた）との間に同性愛の接触があるという報告はしばらく前から受けていた。違法な性的行為はもちろん、コカインや女装、そして飲酒（禁酒法が始まったばかりにもかかわらず）が横行する奔放なパーティーの噂もあった。

ルーズヴェルトは事件の調査方法の決定に直接関与していたわけではないようだ。しかし、結局は彼が責任者だった。調査をまかされた者たちは、魅力的な若者を選んで現場に潜入させることにした。その過程で、彼らは（どうやら積極的に）乱交パーティーに参加したらしい。地元の聖職者の委員会は、仲間の牧師の１人が「はめられた」ことに憤慨し、それを不当なおとり捜査だと抗議した。公式審議では、密告者自身が違法行為を犯していたとして、その密告は信頼に値しないと判断された。こうして事件はなし崩しに終わり、ルーズヴェルトは辞職を余儀なくされた。

エレノア・ルーズヴェルトと夫との関係は非常に友愛的で、プラトニックに近いものだったようだ。彼女はその情熱を女友達との友情、そして自身の政治的目的のためにとっておいた。

不貞、病気、そして和解

ルーズヴェルトがエレノアの社交事務担当私設秘書ルーシー・マーサーと最初の浮気を始めたのは、その翌年だったようだ。２人の関係は1918年、エレノアが彼らの書いた手紙を発見するまで続いた。気が動転し、激高した彼女は離婚を要求した。しかし、裏切られた妻の怒りは、失望した母親の怒りとは比較にならなかったようだ。もし離婚となれば、息子から相続権をいっさい取り上げると彼女は断言した。だが、当時は離婚が政治生命の終わりを意味したため、エレノアはそれを思案してか、夫のフランクリンに慈悲を示した。彼女は浮気をすぐにやめることを条件に、結婚の継続を了承した。ただ、夫婦関係を維持したとはいえ、２人の信頼関係は失われたようで、互いの心は離れていくばかりだった。彼らはそれでも一緒に時間を過ごしたが、エレノアはもはや精神的にも知的にも、独自の道を歩みはじめた。彼女には彼女なりの関心事と政治的目的があった。

1920年、フランクリンは民主党指名候補ジェームズ・M・コックスの副大統領候補に選ばれた。しかし、彼らの選挙戦はウォーレン・ハーディングとカルヴィン・クーリッジの地滑り的勝利に圧倒された。翌年、ルーズヴェルトはポリオとされる発作に倒れた。下半身が麻痺した彼は、それ以来、ほとんどの時間を車椅子で過ごした。ほとんどの時間というのは、彼が下肢装具と杖の助けを借りながら、立ち上がって話し、短い距離なら歩くことさえ訓練したからである。もしその弱々しい姿が明らかになれば、自分の政治的野心が脅かされると彼は確信していた。マスコミも本来ならアメリカの政治史上最大のスキャンダルになるはずの隠蔽を、今日では考えられないほどの誠実さで黙認した。エレノアは妻の義務として献身的に彼を世話したが、患者と看護婦の関係は2人の溝を決定的なものにした。それは彼女にとってむしろ好都合だったようだ。(歴史家のナイジェル・ハミルトンは、彼女が心の奥底では、彼の病気を「当然の報い」と考えていたのではないかとしている)。

副大統領候補としてのルーズヴェルトの選挙戦は、マーガリート・「ミシー」・ルハンドとの長期的な関係ももたらした。当時、彼の私設秘書として働いていた彼女は、それから21年間にわたって彼のもとに留まり、家族の一員として家庭にさえ居すわった。また、第二の愛人だったともいわれ、エレノアが不在のとき、彼女がホワイトハウスのホステス役を果たした。だが、これはファーストレディーにとって問題ではなかったようだ。

一方、ルーズヴェルトが最初の愛人とふたたび連絡をとっているという事実について、エレノアがどう感じたかはわからない。当時、ルーシー・マーサーは裕福な男やもめと結婚し、ラザファード夫人

ルーシー・マーサーのフランクリン・D・ルーズヴェルトとの不倫は、彼の結婚生活をそれがほとんど始まらないうちに終わらせた。エレノアは彼を――ある程度は――許したが、けっして心から信頼することはできなかった。

EMN

1924年の小春日和のある午後、エレノアはハイド・パークの自宅があるスプリングウッドから数キロ離れたルーズヴェルト家の地所で、女性の権利の活動家だった2人の友人とピクニックをした。マリオン・ディッカーマンとナンシー・クックは単なる政治的同志ではなく、生涯のパートナーであり、シラキュースでの学生時代に互いに恋に落ちたのだった。その晩、フランクリンの家に戻った3人は、これがその年の最後のピクニックになるだろうと残念そうに話していた。そのとき、未来の大統領は彼女たちがお気に入りの場所に小さなコテージを建てられるように、土地の一部を3人に譲ることを思いついた。彼はその場で法的手続きを進めた。ヴァル・キル（フォールキル・クリークの土手に位置したことからそう呼ばれた）はマリオンとナンシーの家となり、エレノアにとっては週末の隠れ家となり、事務所となった。内情がどうだったかは知らないが、タオルにその3人の女性それぞれの頭文字「EMN」が入っていたことは、多くの人びとに奇妙な印象を与えた。エレノアは少なくとももう1組のレズビアン・カップルとも長年の親しい友人関係にあった。それは女性の権利の活動家エスター・レープとエリザベス・リードである。

になっていた。だが、彼女が昔の恋人とふたたび会っていたのはほぼ間違いないようだ。問題はどのくらいの頻度で、どのような状況下で会っていたのかということだ。２人が会ったと判明している回数はかなり少ない。身体障害を抱えたルーズヴェルトにとって、ミシーの監視の目を逃れることは難しかったのだろう。しかし、一部の研究者によれば、２人の間で交わされた手紙は、表面的には単なる友達同士のくだけた文面に見えたが、じつは逢引の約束を暗示していたらしい。２人の関係がゆるぎないものだったということは確かだが、その反面、エレノアとの関係はずっと心の重荷だった。ルーズヴェルトが亡くなったとき、彼女は後にルーシーが夫と一緒にいたことを知り、深く傷ついた。

「大好きなヒック…」

傑出したファーストレディーだったエレノア・ルーズヴェルトは、自由世界でもっとも有名な女性としての自分の役割を非常に真剣に考えていた。彼女はその立場がもたらす舞台を利用して、女性の地位向上やその関心事をアピールした。彼女は料理法や家事についての話はしなかった。それよりも新聞のコラムや記者会見（しばしば女性ばかりだった）で、教育や性差別、社会福祉といった広範囲の問題について述べた。彼女の男女同権の考え方やそれを自由に主張する態度は、当然ながら、保守派の反発とさまざまな噂をまねいた。彼女はけっして奥ゆかしい女性とはいえなかった。レズビアンとの噂も、この種の偏見によるものだったことは容易に想像できる。そうした中傷に苦しんだフェミニストは、彼女が最初でも最後でもなかったはずだ。

しかし、エレノアと記者のロリーナ・ヒコックとの関係は非常に親密で、それがワシントンで噂の種になったのは当然だった。エレノアから「ヒック」と呼ばれていた彼女は、未来の大統領夫人と密接に行動し、1932年の大統領選やルーズヴェルト政権の最初の数カ月におけるエレノアの生活を詳しく報じた。エレノアがヒコックから贈られた指輪を夫の大統領就任式につけていったことは、彼女の1933年３月７日の手紙でも触れられている。

２人が互いに宛てて書いた手紙の多くは、その後、破棄された。「ヒック」自身が少なくとも15通を燃やしたとされているが、それでもわれわれをとまどわせるだけの十分な手紙が残っている。なかには日付は不明だが、「今夜、あなたのそばに横たわり、あなたをこの両腕に抱きしめられたいいのに」と書かれたものもある。この２人の女性が時間を見つけて一緒に何をしていたにせよ、彼女たちが「ただの親しい友人」以上の関係だったことは明らかだ。

豊富な利益

ルーズヴェルトの（史上唯一の）３期にわたる政権には、全体をとおして２つの大きな現実が重くのしかかっていた。それは大恐慌と第２次世界大戦である。すでに見てきたように、戦時動員という大規模な体制は汚職の温床になりがちだ。戦時中ほど、政府が「肥大化」し、その契約が急増するときはない。

左：車椅子に乗ったルーズヴェルトの姿は、こうした歴史的な写真から知られるようになったが、当時の有権者の目に触れることはなかっただろう。彼は下肢の自由を奪ったポリオの影響を必死に隠そうとした。

なかには日付は不明だが、「今夜、あなたのそばに横たわり、あなたをこの両腕に抱きしめられたいいのに」と書かれたものもある。この２人の女性が時間を見つけて一緒に何をしていたにせよ、彼女たちが「ただの親しい友人」以上の関係だったことは明らかだ。

経済危機に対するルーズヴェルトの取り組みも、これに匹敵する規模での投資をともなうものだった。彼の「ニューディール」政策には、驚くほど多種多様な組織によってまとめられた重要かつ遠大なプロジェクトが含まれていた。そこには芸術家や作家の計画から壮大な水力発電計画まで、ありとあらゆるものがあった。テネシー川流域開発公社だけでも、20以上のダムの建設計画が含まれており、汚職や横領のチャンスは気が遠くなるほどあった。案の定、その後の調査で大量の金と物資が行方不明になったことが判明した。だが、その略奪品が一部でもホワイトハウスや中央政府に戻ってくることはなかったようだ。

大統領は潔白だったらしく、彼の上級職員たちも全員そうだった。アメリカが第２次世界大戦に参戦したとき、実質的にこれと同じ事態が生じた。戦備の規模や複雑さは大変なもので、かなりの不正が横行した。ただ、意外にも、高位の役人や政府職員ほど関与が少なかった。

エレノアとアール

エレノアの人生において、その気持ちの多くが女性に向けられていたことは確かなようだ。しかし、だからといって、彼女は男性に惹かれなかったわけではないらしい。実際、アール・ミラーとの関係はとくに親密だった。彼はフランクリンが1929年から1932年までニューヨーク州知事だったとき、彼女の護衛を務めた州警察官だった。その任務に就いたとき、アールは32歳、エレノアは44歳だった。水泳やテニスなど、スポーツへの関心を共有した2人の友情は、ただそれだけのものだったのかもしれない。しかし、フランクリンがしばしば留守をする一方で、彼らは親密な付き合いを続けた。事実、アールの妻はエレノアをその離婚における共同被告に挙げた。1962年にエレノアが亡くなるまで、2人は毎日、互いに手紙を書いていたが、これらの手紙はすべて破棄されたという。

アールとエレノア。2人は幸せなカップルだったのだろうか。あるいは、親密ながらも礼儀をわきまえた護衛官と依頼人の関係にすぎなかったのだろうか。当時はさまざまな噂が飛び交ったが、それは今も消えていない。

ロリーナ・ヒコック（右から2番目）は1932年に記者としてエレノア（右）と知り合い、すぐに離れがたい仲になった。当然ながら、2人はただの友人ではなく、恋人同士ではないかという噂がすぐに流れはじめた。

戦争への道？

アメリカ国民の多くは第２次世界大戦における自国の役割を誇りとともに思い出し、戦時中のルーズヴェルトの指導力を賞賛の念とともに思い出すかもしれない。しかし、それがスキャンダルとして分類されるかどうかは別として、戦争への前段階におけるルーズヴェルトの動きは疑惑をまねいた。彼は真珠湾攻撃を事前に知っていながら、行動を起こさなかったのではないかという説もある。当初からナチ・ドイツとの戦いに自国を参戦させたいと望んでいた大統領が、アメリカでは少数派だったことは事実である。たしかに、ナチ――反ユダヤ主義、アーリア人支配など――を支持する者もいたが、それよりも自分たちの新しい母国がかつての母国と戦争するのを見たくないというドイツ系国民の方が多

戦備の規模や複雑さは大変なもので、かなりの不正が横行した。ただ、意外にも、高位の役人や政府職員ほど関与が少なかった。

かった。しかし、もっと多かったのは、単にヨーロッパでの戦争は自分たちには関係ないと思っていたアメリカ国民である。ルーズヴェルトの考えによれば、ヒトラーは自由を脅かす存在であり、その軍国主義には抵抗する必要があった。だが、アメリカの参戦を切望する一方で、彼は国民を納得させられないこともわかっていた。

その結果、ロバート・スティネットの著書『真珠湾の真実』（文藝春秋）に代表されるような陰謀説が生まれた。これによれば、大統領は日本の計画に目をつぶり、傍受された情報に耳をかさなかった。この分析では、太平洋艦隊はルーズヴェルトがその目的を果たし、アメリカを戦争へ向かわせるための罠における餌だった。その攻撃で約2500人のアメリカ人が命を奪われたことを考えると、それは重大な疑惑である。

努力を要する子どもたち

その幼少時代の環境を考えれば驚くことでもないが、ルーズヴェルト家の息子や娘たちは問題のある大人に成長した。彼らのうち、５人は合計19回も結婚を試みた。父親のお

真珠湾攻撃を受けて、フランクリン・D・ルーズヴェルトは第２次世界大戦へのアメリカの参戦反対を覆すことができた。彼は日本の「奇襲」を事前に知っていたのではないかとさえいわれている。

気に入りだったアンナは、エレノアが一連の女性家庭教師たちに自分が虐待されているのを黙認したとして、彼女を恨んでいた。これはアンナが母親に報復を企てた理由の説明になるかもしれない。彼女はフランクリンとルーシー・マーサーの不倫に、橋渡し役として加担した。

フランクリンとエレノアの生き残った息子たちのうち、次男のエリオットはつねに両親にとって誇りになろうとした。彼は第2次世界大戦で偵察機のパイロットとして手柄を立てた。しかし、彼はその後、ヒューズ・エアクラフト社のD－2偵察機の調達における金銭上の不正を調査する上院小委員会に召喚された。同社の偵察機はライバルのロッキード社のモデルより劣るとして却下されたはずだった。1943年、エリオットら将校の一団がハワード・ヒューズにハリウッドへ招かれ、ワインや食事を供され、女優やナイトクラブのホステスたちの接待を受けたことが発覚した。起訴はまぬがれたものの、エリオットの印象は損なわれた。とくに仲間の兵士たちが北アフリカやヨーロッパ、太平洋で命がけの戦いをしていた最中に、軽率な遊覧旅行が行なわれたというのはまずかった。

だが、父親がこの不面目を耳にすることはなかった。彼は1945年4月12日に脳卒中で死去した。それは彼が4期目に入ってちょうど3カ月のことであり、第2次大戦が終わる直前のことだった。

ハリー・S・トルーマン（在任1945－1953年）

ホワイトハウスに入ったトルーマンは、ヨーロッパでの戦いで勝利をおさめた大統領という名誉にちょうどまにあった。それは輝かしい瞬間だったが、当時はそんなふうに思えなかった。大統領執務室での第一歩を踏み出す前に、彼は広島と長崎に原子爆弾を投下するかどうかの決断を下さなければならなかった。一部の歴史家にとって、それはトルーマンを合衆国大統領としての「暗い歴史」のもっとも陰鬱な深みへと追いやる残虐行為だった――その爆発で13万人が死んだが、それは始まりにすぎなかった。続く数週間、数カ

大統領命令によって

今では悪名高い大統領命令9066号だが、1942年にルーズヴェストが署名したときにはほとんど問題にされなかった。それは「敵国人」とされる者たちの強制収容を命じたもので、子どもを含む約12万人の日系アメリカ人が戦争終結まで収容された。彼らのうち、日本生まれは約40パーセントにすぎず、大半は日系2世や3世のアメリカ人だった。他にも、約3000人のイタリア系アメリカ人、1万1000人の「ドイツ系」アメリカ人も強制収容された。皮肉なことに、これにはナチ・ドイツから逃げてきたユダヤ人も含まれており、彼らは合衆国でも集団拘束されることになった。

1932年、エリオット・ルーズヴェルトはわずか21歳でギルピン航空の幹部となった。航空機産業の規則違反をその父親に黙認してもらうための「見返り」ではないかと疑う者もいた。

月間で死傷者の数は２倍になった。苦痛にもだえ、焼けただれた体で病にかかり、衰弱していった罪のない民間人は、放射性降下物の影響による長期の犠牲者だった。

だが、これはもしトルーマンが原爆投下という苦渋の決断を下さなかった場合に生じたと考えられる死傷者――米軍と連合軍と日本の民間人における――に対する代償と考えなければならない。1945年８月６日に先立って、日本の軍指導者たちは長期戦のかまえを見せていた。広島の後でさえ、彼らはなかなか降参しようとしなかった。もちろん、その島国での戦いがアメリカの兵士や水兵や空兵にとって（あるいは現地の人びとにとって）ピクニックのようだったはずはなく、各地の

ハリー・トルーマンの眼鏡は、彼が第1次大戦で兵役に就くためにいかに罪のない嘘をついたかを思い出させる。その後の大統領はもっとずっと不正直で、彼の半分でも品行方正な者はほとんどいない。

なかったとする者もいる。その攻撃は、すでに次の数十年間の敵と見なされていたソヴィエト連邦に対する警告だったのではないか。トルーマンに対して公正な立場でいうなら、彼はこの前例のない空爆がどんな影響をもたらすのか、ほとんど知らなかったはずだ。彼自身、「空からの破壊の雨は、この地球上でかつて目にしたことのないものだ」と日本に警告していた。だが、そう言うことと、それが現実に何を意味するかを認識することとは別だった。

火事嵐が日本人にとって愉快だったはずもない。

それは今なお賛否両論の問題として残っている。なぜ8月9日に長崎へ二度目の原爆投下を行なったのか。この攻撃は都合の良い兵器実験だったのではないか。「ファット・ボーイ」は、広島に投下された「リトル・ボーイ」とは異なるタイプの爆弾だった。もしそのとき投下しなければ、二度と使うチャンスはなかったかもしれない。一方で、日本は冷戦の始まりとなった原爆投下の真の標的では

「過ちはトルーマンの常」

トルーマンの犯した違反行為とされるものは、それほど大きな道徳的怒りには値しない。厳密にいえば、彼が第1次大戦前に自分の年齢と健康状態について新兵募集係を欺き、33歳という年齢を2年ごまかし、視力検査表を暗記したことは「スキャンダル」である。しかし、兵役が義務だった時代、歴史上の多くの人びと（合衆国大統領も含めて）がそれを逃れようとした一方で、入隊できるように嘘までついたという男にわれわれはどれほど腹を立てられようか。模範的な夫だったトルー

幸せな夫婦

世慣れた批評家たちに言わせれば、ベス・トルーマンはファーストレディーの地位に花を添えるような女性ではなかった。彼女は美人ではなかったし、上品なホステスでもなかった。実際、彼女は来賓をそれに伴う儀式や典礼によって接待しなければならないことにうんざりしており、マスコミとのやりとりも明らかに苦痛だった。とはいえ、彼女と彼女の夫はどちらもホワイトハウスの職員に非常に人気があり、大統領夫妻は彼らに対等な立場で気さくに話しかけた。扉を開けたり、お茶を運んできたりする使用人たちでさえ、ホワイトハウスを訪れた外国の首脳や君主に、当然のことのように紹介された。

トルーマンがベス・ウォレスと出会ったのは6歳のときだった。ミズーリ州インディペンデンスの日曜学校で、彼は彼女の「青い瞳」と「金色の巻き毛」に心を奪われた。それは幼なじみの恋人という平凡なラブストーリーだった。彼は本気とは思えないほどのぼせ上がったが、彼は本気だった。1945年のポツダム会談での会合後、彼は自分に話し相手の女性を手配しようとした若い将校の申し出をそっけなく断った。「私は最愛の人と結婚した。彼女は私を裏切らないし、私も彼女を裏切らない」

ハリー・トルーマンの妻ベスは、彼が6歳のときから憧れていた女性だった。彼らはこれまでホワイトハウスに居住した中で、もっとも愛情深い夫婦に数えられなければならない。

ハリー・S・トルーマンは、第１次世界大戦の泥と血と轟音の中で兵役を終えた。そのときと同じゆるぎない献身と誠意を、彼はその何年も後に大統領職において示すことになった。

マンは、実直な公務員でもあった。彼はなんとかやっていけるだけの軍人年金をもらって職を退いた。あらゆる点で、彼はまさに大統領の鑑のような人物だった。スキャンダルを求める者はいったいどうすればいいのだろう。

心配は無用だ。トルーマンの治世は、たとえ大統領が受け身の傍観者にすぎなかったにせよ、期待されたほど完全に高潔な時代ではなかった。もちろん、ユリシーズ・S・グラントやウォーレン・ハーディングよりはずっとましだったが、彼らと同様、トルーマンは人事における判断力に欠け、仲間の破滅を見ていられなかったため、みずからの威信を傷つけた。ハーディングと同じく、彼は昔なじみの一団とともに故郷からワシントンへやって来た。彼らはやがて「ミズーリ・ギャング」として知られるようになった。

ミズーリ・ギャング

大統領にもキャリアの始まりはある。しばしばそれは州議会であり、多くの場合、荷馬車１台分の重荷を背負うことを意味する。トルーマンに関してもそれは同じで、彼はトム・ペンダーガストの庇護のもと、ミズーリの民主党員として出世階段を上った。このカンザスシティーの実力者は汚職と影響力で帝国を築いたが、それは1939年、自身が脱税で有罪判決を受け、収監されて面目を失ったことから崩壊した。彼が1945年に死んだとき、就任してほんの数日だったトルーマン大統領は、この「友人」と呼ぶ男の葬儀に参列し、物議を醸した。一方で、ミズーリ時代の多くの「仲間たち」がトルーマンの影響力を利用し、重要な地位に入り込んだ。彼らはすぐに政府の金を略奪しはじめた。

あまりにも純粋な大統領は、不正直な大統領と同じくらい問題だといえる。トルーマンは、財務長官のJ・W・スナイダー（彼の左に写っている）がアメリカ政権を汚職の巣窟に変えようとするのに気づかなかった。

カンザスシティーの弁護士ジョン・W・スナイダーは財務長官になった。つまり、彼は内国歳入局の仕事の全権をゆだねられたわけで、それはかなりの重責だった。トルーマン政権が始まって数週間もしないうちに、汚職の文化はすっかり定着した。政治的に任命された局内の上役たちは、脱税に目をつぶるかわりに賄賂を受け取ったり、税金逃れをしようとした連中をゆすったりして、私腹を肥やしていた。大統領自身が関与していたという事実はないが、彼が無関心だったことは明ら

大統領自身が関与していたという事実はないが、彼が無関心だったことは明らかに非難に値する。こうした不正に捜査の手が入ったのはトルーマンの退任後のことだった。

かに非難に値する。こうした不正に捜査の手が入ったのはトルーマンの退任後のことで、166人の役人が解任された。

シーダー郡の弁護士だったドナルド・ドーソンは大統領の政治顧問になった。彼はハーバート・フーヴァーが大恐慌の初期に設立した復興金融公社の取締役でもあった。この組織の目的は主要企業の新規開発事業を支援し、雇用創出を活性化させることだった。しかし、ドーソンは公社での地位を利用して、実業家の友人たちに無担保で寛大な融資を行ない、その見返りに高価な贈り物や便宜を受けた。トルーマンはただ聞かされていなかっただけなのだろう。不正の噂がスキャンダルをまねいたとき、彼は大統領としての権限のすべてを利用して、このミズーリの友人を支援した。

同じくミズーリ出身のハリー・H・ヴォーガン少将は、トルーマンの信頼する軍事顧問だった。しかし、彼はトルーマンのかわりに勝手に消費財の贈り物を要求し、その上司を困惑させた。毛皮のコートから休暇まで、ありとあらゆる贈り物や「無料サービス」を受けるのが慣例になっていた。もっと深刻だったのは、ヴォーガンが「取次屋」の最高幹部としての役割を果たしていたことだ。彼らは政府職員でありながら、５パーセントの手数料をとって請負業者に契約を斡旋していた。

ジョー・マッカーシーが罪を犯した男たちの仮面をはごうとしている。その始まりは偽善的で、このウィスコンシンの上院議員の恐怖と疑惑による支配は、1950年代のアメリカに暗い影を落とした。

エドウィン・W・ポーリーは実際にはインディアナ出身だったが、「ミズーリ・ギャング」のやり方にすっかり精通していた。有力な石油業者だった彼を、大統領は海軍次官に任命した——海軍は石油の巨大な消費者だった。歴史家のトマス・A・ベーリーが言ったように、これは「狼が羊を守るように頼まれた典型的な例」だった。司法長官のJ・ハワード・マクグラースは、正義のために戦うどころか、政府の内実を隠すことに懸命だった。1952年、彼は自分の部局が行なっていた捜査に介入し、それを中止させたことが発覚して、辞職を余儀なくされた。例のごとく、トルーマンは関与していなかったようで、ましてやこうした行為から金銭的な利益はいっさい得ていなかった。しかし、「責任は私がとる」と言って有名になったのは、彼ではなかっただろうか。

ジャンキー・ジョー

ジョゼフ・マッカーシーの「赤狩り」が始まったのは、トルーマン在任中のことだった。大統領は彼を抑えるために十分なことをしなかったと非難された。トルーマンはマッカーシーの運動を不快で不穏なものだと思っていたようだが、共産主義に甘いと思われるのを恐れて行動できなかったらしい。

だが、後から考えれば、トルーマン政権は必要以上に臆病だったといえる。マッカーシーは明らかに嘘つきの詐欺師だった。「テール《後部》ガナー・ジョー《銃座手のジョー》」と呼ばれた彼は、実際に戦闘部隊にはいたが、その任務の期間と数を詐称した。また、チェスター・W・ニミッツ海軍大将が署名したとされる正式な表彰状を偽造したり、不慮の事故による傷を「戦争の傷」と主張したりした。彼にはまったく一貫性がなく、共産主義者への非難においてさえ信用できなかった。だが、トルーマンとそのスタッフは彼を守るために全力を尽くし、彼のヘロイン中毒を隠すことまで手伝った。

マッカーシーの初期の政治的経歴は、ドイツ系アメリカ人が多く住むウィスコンシンでの生い立ちによるところが大きい。彼が最初に名前を知られるようになったのは、1946年、アメリカ人戦争捕虜を虐殺したとしてダッハウで公判中だった84人のナチ親衛隊員に「公正な扱い」を求めたときだった。だが、ナチに対する彼の寛大な態度は、現実であれ想像であれ、共産主義者にまで広がることはなく、彼は共産主義がアメリカの政治や文化に「はびこっている」と主張した。「潜伏する共産主義者」に対する彼の活動が始まったのは1950年だった。それは陸軍からハリウッドまで、アメリカの巨大機構を席巻し、重要人物を次々と失脚させて、恐怖と麻痺の雰囲気を生み出した。一方、そうした反共主義は反ユダヤ主義にも近づいていた。危険分子というレッテルを貼られた者たちの多くはユダヤ人でもあった。こうした批判はかなり痛い所を突いており、マッカーシーはユダヤ人のロイ・コーンを右腕として仲間に入れることにより、その批判をかわす必要があった。

「赤禍」と並行して、マッカーシーはいわゆる「ラヴェンダー・スケア《同性愛者狩り》」も煽った。これは同性愛者が政治を「掌握」しようとしていることを示唆した。皮肉にも、マッカーシ

右：戦火の試練にさらされたドワイト・D・アイゼンハワーは、強いだけでなく、心から平和を愛する指導者だった。「軍産複合体」の出現を最初に非難したのは彼だった。

ー上院議員が同性愛者であることは、ミルウォーキーのゲイ社会では「公然の秘密」だった。彼自身、女性とデートするのは「見せかけ」だけだと冗談を言ったという。ロイ・コーンはもっと露骨で、自分の恋人を職員に採用し、オフィスで一緒に働いた。

ドワイト・D・アイゼンハワー(在任1953−1961年)

戦後の平和はけっして始まらなかった。第2次大戦の塵と煙が晴れた後に見えてきたのは、2つの勢力圏が対立する厳しい冷戦だった。そんなとき、軍人の美徳は、共産主義の勢力に対して自由世界をリードすることになった人物にはふさわしいものに見えた。先の大戦でヨーロッパ連合軍最高司令官を務めたこの男ほど、そうした美徳を完璧に体現した者はいない。彼の選挙戦の宣伝文句は「アイ・ライク・アイク(私はアイクが好きだ)」だったが、それはアメリカ国民に共通の意思だったようで、彼は1952年の選挙で圧勝した。

公正な立場でいえば、彼らの判断は正しかった。アイゼンハワーはまさに人びとの期待どおりの男だった。彼は正直で義務感に満ち、指揮官として百戦錬磨の能力をもった真の軍人だった。もっとも、彼の決断には今なら問題になりそうなもの

アイゼンハワー将軍がその日の命令を出している。第2次世界大戦でヨーロッパ連合軍最高司令官を務めた彼には、未来のアメリカ大統領という重責を担うだけの確固たる心がまえがあった。

も多かったが、冷戦という当時の時代背景を考えれば、それも当然だった。トルーマンは、アイゼンハワーがジョゼフ・マッカーシーとの対立を避けたことに不満だった。たしかに、彼は戦争の英雄として、その暴れん坊のこけおどしに挑むべき立場にあっただろう。だが、アイゼンハワーがこのウィスコンシンの上院議員との「泥仕合」に巻き込まれるのを嫌がったのもわかる。これに関するトルーマンの対応はひどくお粗末だったからだ。

アイゼンハワーが1950年代にかつてないほどの軍事化を指揮した（州間高速道路網もこの再軍備計画の一部だった）のは確かだが、アメリカはこの頃すでに「軍拡競争」への態度を明らかにしていた。ソヴィエト連邦との対立は、アイゼンハワー政権にとって抗しがたい現実だった。この２つの超大国の反目は戦後の秩序を定義する構図となった。ただ、大統領には懐疑的なところもあった。「軍産複合体」の出現を指摘したのは彼であり、そこでは軍需産業と軍と政府がもちつもたれつの関係にあった。彼は膨大な資源がアメリカとヨーロッパのNATO諸国の防衛に投入されることで、「われわれが外から守ろうとしているものを内から」破壊させるのではないかと懸念した。

ソヴィエト連邦との対立は、アイゼンハワー政権にとって抗しがたい現実だった。この２つの超大国の反目は戦後の秩序を定義する構図となった。

マミーとケイ（とグラディス）

明るく友好的で、女性らしかったマミー・アイゼンハワーは、ファーストレディーとしてはきわめて人気があった。だが、残念ながら、彼女は夫にはそれほど人気がなかった。そもそも彼女は彼の初恋の人ではなく、その栄誉はカンザス州アビリーン出身のグラディス・ハーディングという女性のものだった。家を離れて陸軍士官学校へ行っている間も、彼はグラディスをラブレター攻めにし、1915年に自分が卒業したら結婚してほしいとプロポーズまでしていた。しかし、彼女は首を縦にふらなかった。娘を溺愛する父親がこの未来の大統領に満足せず、彼女自身もコンサート・ピアニストとしての未来を思い描いていたからだ。結婚は当時の彼女の計画に沿わなかった。

ドワイトはそれを察した。しかし、テキサス州サン・アントニオに赴任した彼は、数週間もしないうちにマミー・ダウドと出会った。精肉業で財をなした富豪の娘だったマミーは、裕福でかわいらしく、生き生きとして活発だった――彼女はグラディスのように自分の存在をあまり重く考えていなかった。それは一目惚れだった。２人は1916年７月に結婚したが、少なくともアイゼンハワーはその早まった結婚を後悔するようになった。マミーは快活で魅力的だったが、「深み」というものがまったくなかった。彼女はとても面白い女性だったが、ドワイトのように生真面目な部分がなかった。長い目で見ると、彼らには共通点がほとんどなかった。

それゆえ、自宅から遠く離れたロンドンで、戦争の興奮に包まれていた彼が運転係のケイ・サマーズビーと恋に落ちたことは意外ではなかった。イギリス人とアイルランド人の

左：戦争から戻った夫の心変わりに気づいた妻は、マミー・アイゼンハワーだけではなかったはずだ。ただ、２人が最初から不似合いだったことは間違いない。

血を引く元モデルの彼女は、すでにちょっとした悪名の持ち主だった。彼女はアイゼンハワーの運転係をまかされたとき、離婚訴訟で共同被上訴人として召喚されていた。ただ、２人が親密になったのは確かだとしても、それがどの程度の関係だったのかについては議論の余地がある。「精神的な関係」だったとする者もいる一方、ケイ自身は後の回顧録において、自分たちは何度か性行為にいたったが、将軍ができなかったと述べている。これを冷やかす者もいるが、問題はそうした行為に至ったときに彼が性的不能だったということではない。アイゼンハワーは義務感の強い男だった。それだけにマミーに対する罪悪感も強かった。どんなに後悔していたにせよ、彼女が彼の妻であることは事実だった。

「アイク」がケイと結婚するために、一時、マミーとの離婚を真剣に考えたことが明らかになったのは、トルーマン大統領のおかげである。アイゼンハワーはトルーマンに助言を求めて、ヨーロッパから彼に手紙を書いた。しかし、彼は相談する相手を間違えた。固い夫婦愛で結ばれていたトルーマンは、彼がもしそんなことを本気で考えているなら、

右：アイゼンハワーと彼の戦時中の運転係だったケイ・サマーズビーとの関係は、戦争の危険と緊張をともに体験する中で築かれた。だが、２人の関係は深くはあったが、性的なものではなかったようだ。

U.S.A.A.
1

軍務を罷免させると返事を書いた。大統領としての自分の最後の仕事は、アイゼンハワーの軍用ファイルを手に入れ、彼自身を守るために手紙をすべて破棄することだとトルーマンは言った。

冷戦の妥協

１世代前、フランクリン・D・ルーズヴェルトはニカラグアの独裁者アナスタシオ・ソモサについてこんな意見を述べたという——「彼は悪党かもしれないが、われわれの悪党だ」。冷戦がアメリカにいくつかの奇妙な縁をもたらしたことは確かである。たとえば、アイゼンハワーが大統領になって最初にしたことの１つは、スペインの独裁者フランシスコ・フランコと親しくなることだった。1953年に彼と米西協定に調印したことで、アイゼンハワーはその危険な除け者を孤立状態から引き出した。同年、CIA（中央情報局）は、民主的に選ばれたイランの首相ムハンマド・モサデクが同国の石油産業を国有化するという計画により、西側諸国の利益が損なわれることを恐れて、彼の打倒に加担した。アメリカはシャー（国王）——専制君主であり拷問者——の方を支持した。その行為は今日まで続くイランとアメリカの間の不信をまねいた。中央アメリカでも同じことがあった。グアテマラでは、ハコボ・アルベンスの人民政府がユナイテッド・フルーツ社や地主階級の権力を奪おうとしたため、アメリカ情報機関の支

モサデクはイランの同胞には支持されたかもしれないが、アメリカの石油関係者には面白くない存在だったため、消す必要があった。アメリカはしだいに世界中の国々で政治情勢を操るようになった。

民主的に選ばれたグアテマラの大統領として、ハコボ・アルベンスはユナイテッド・フルーツ社の支配を打破すると断言した。CIAはさっそく彼を失脚させるクーデターを支援した。

援によって転覆された。

アフリカやアジアでは、ヨーロッパの旧植民地が次々と蜂起し、独立を勝ち取るなか、アメリカとソ連の超大国が影響力を奪い合った。その結果が「代理戦争」の時代である。コンゴでは、パトリス・ルムンバが民衆の支持を得たが、同じくソ連の引き立ても得たために拉致され、暗殺された——アメリカが関与したとされている。後任のジョゼフ・モブツは巨額の公金を横領したが、西側への忠誠においては信頼できた。東南アジアでは、ベトナムをフランスの植民地支配から解放したホー・チ・ミンが、その英雄的闘争によって同胞の間で道徳的権威を勝ち取った。アイゼンハワーはもし自由選挙が行なわれたら、彼が国民投票の80パーセントを獲得しただろうと認めた。(実際、彼は57パーセントを勝ち取り、「圧勝」をおさめた)。しかし、合衆国に関するかぎり、共産主義を支持する彼は障害だった。アメリカはゴ・ディン・ディエムが半島の南にベトナム共和国を樹立するの

ドミノ・ゲーム

1954年の記者会見で、いわゆる「ドミノ理論」をはじめて公に提起したのはアイゼンハワーだった。第3世界――当時はそう呼ばれていた（最初の2つの世界は、西側の先進工業国と「鉄のカーテン」で仕切られた東側の共産主義国）――の国々は、一直線に並んだドミノの列のようで、最初のドミノを押すと、次々に倒れて、たえまないさざ波のように倒れ続ける。それは共産主義についても同じだとアイゼンハワーは主張した。1つの国で左派が政権を握ると、近隣諸国でも彼らの同志たちがそれに触発されて権力を得ようとする。この「ドミノ倒し」効果はなんとしても阻止しなければならなかった。

「ドミノ理論」はしばしばいわれるほどばかげたものではない。ある国の革命家たちが、他国の同志たちの成功に勇気を得ることがあるのは確かだ。理想主義的な幻想にすぎなかった夢が、突然、現実になるようなものだ。ただ、アメリカにとって残念なことに、この理論の逆もまた真だった。ある国でアメリカの支援を受けた反対勢力が、別の国で同じくアメリカの支援を受けた政府に抵抗するという結果をまねくこともあった。

を支援し、その一方でディエムがベトナムの人びとを恐怖に陥れるのを黙認した。

ロシア上空の赤い顔

軍事技術におけるアメリカの優位は明らかだったが、当然、ソヴィエトはそれを否定した。また、アメリカ国民を怖がらせておきたかった軍産複合体も、しばしばこれを否定したとされている。しかし、1960年、ソヴィエトはロシア上空でＵ２型偵察機を撃墜するというまれに見る成功をものにした。

ソヴィエトの法廷に召喚されるゲーリー・パワーズ（右）。これはU2型機の偵察飛行を念入りな嘘で否定していたアイゼンハワー政権にとって、きわめて決まりの悪い場面だった。

彼の任務の性質を隠せたはずはなく、それまでの政府の努力はただばかげて見えた。

Ｕ２型機は高高度を飛行するため、戦闘機――そして一般に地対空ミサイル――による迎撃は不可能だった。ところが、この機はウラル山脈にある砲台からのまぐれあたりに捕まった。自国の偵察機が行方不明になったと知ったアメリカは、嘘の声明を発表した。それはNASAの調査機がトルコ上空を飛行中、パイロットの酸素供給システムが機能しなくなったというものだった。彼らはＵ２型機をNASAの航空機に見せかけるために塗装までしたが、結局、問題の機が生き残り、ソヴィエトがその写真を世界中のメディアに見せていることがわかった。

アメリカはさらに墓穴を掘り続け、新たな嘘がふたたび発表された。それによれば、NASAの航空機――アメリカ政府はまだそれにこだわった――は気象観測を行なうためにトルコ上空を飛行していたが、その後、酸素供給システムが不能に陥ったという。ただ、政府はその調査機が北へ流され、ソ連上空で撃ち落とされた可能性もあることを認めた。ソヴィエトが切り札を出したのはこのときだった。それまで、彼らはパイロットのゲーリ

リトルロック高校は1957年に軍事的膠着状態の信じがたい舞台となった。当時、アーカンソー当局はその町における黒人学生と白人学生の人種隔離制度を継続しようとした。

LITTLE ROCK

ー・パワーズが脱出に成功し、地上に漂着したという事実を黙っていた。アメリカは彼が死んだと思い込んでいたが、機体が発見され、その特殊な偵察装置も回収されていた。アイゼンハワーがひどく困惑したことに、パワーズはテレビにその姿をさらしていた。当然、彼の任務の性質を隠せたはずはなく、それまでの政府の努力はただばかげて見えた。アメリカと大統領は真っ赤な嘘に追い詰められた。

「アーカンソーの侵攻」

「彼らは悪い人たちではない」とアイゼンハワーは最高裁判所長官のアール・ウォーレンに言った。それはカンザス州トピーカの学校における人種隔離制度を支持していた南部の白人たちのことだった。

内容はひどく有害でも、その言い方はあくまで優しく理性的というのが、1954年の「穏健な」白人の意見というものだった。ただ、中庸が肝心という彼らの言い分も理解できる。アイゼンハワーが公民権闘争の英雄として尊敬されていないのは明らかだが、いかに彼がその戦いに無関心に見えたとしても、彼の大統領在任中、アフリカ系アメリカ人にとって重要な前進があったのは確かである。

締め出された学生たちに対する大統領の同情がそれほどでもなかったことは、カンザス州トピーカの事件に対する彼の反応からも明らかである。しかし、法律は法律だと彼は感じた。

立派な軍人だったアイゼンハワーは、明確な指示系統の重要性とそれにおける服従と規律の重要性を固く信じていた。そのため、1957年の秋、最高裁の決定を無視して、９人の黒人学生がリトルロック高校から締め出されたと知った彼は衝撃を受けた。締め出された学生たちに対する大統領の同情がそれほどでもなかったことは、カンザス州トピーカの事件に対する彼の反応からも明らかである。しかし、法律は法律だと彼は感じ、とくに州知事オーヴァル・フォーバスのひねくれた行為には憤慨した。「リトルロックの９人」の入学を阻止しようとする白人抗議団体による脅しに対して、知事はアーカンソー州兵軍を配備した。それは白人至上主義者たちを抑えるためではなく、アフリカ系アメリカ人の学生たちを抑えるためであり、知事は治安を脅かしたのは彼らの方だと言った。

アイゼンハワーは事態を打開しようと、知事を会議に呼びつけた。しかし、知事を説得できないとわかると、大統領も厳しい態度に出た。彼はまずアーカンソー州兵軍を連邦政府の支配下に置き（その１万人の兵士たちは大統領から命令を受けることになった）、次にその学生たちを安全に学校へ通わせるために陸軍第101空挺師団を派遣した。

彼はその戦いには勝ったが、もちろん、今なお続く闘争には勝てなかった。「リトルロックの９人」は依然として長く不愉快な戦いにさらされた。アイゼンハワーが南部の組織的妨害者と戦う決意を固めたのは、黒人への迫害が動機になったというよりも、憲法への侮辱に憤慨したからである。アフリカ系アメリカ人にも法的権利があるのに、実際にはそれを行使することが阻まれているという事実

のどかで穏やかな風景に見えるが、アイゼンハワーのゲティスバーグの農場をめぐっては激しい論争が巻き起こった。その設備（と土地・建物さえ）のほとんどが、ときに怪しい友人たちから寄贈されたものだった。

に彼は腹を立てた。その結果、彼はサウスカロライナ州の民主党員ストローム・サーモンドが上院で24時間18分も話し続けるという史上最長の議事進行妨害を行なったにもかかわらず、1957年の公民権法を可決した。ただ、議論の過程で大幅に修正され、南部当局が施行に本腰を入れなかったために、この法律は残念ながら満足な効果を得られなかった。しかし、アイゼンハワーは問題を放置せず、さらに強化された公民権法案を導入し、それは1960年5月に法律となった。

農場と備品

「清い人には、すべてが清いのです」［聖書（テトスへの手紙第1章15節）より訳文引用］と言われるが、それはアイゼンハワーにもあてはまった。真に高潔な人物だった彼は、収賄の疑いをかけられることを潔しとしなかった。そのため、実業界から贅沢な贈り物を受け取ったのではないかという批判が生じたことは、彼には心外だったようだ。アイゼンハワーはペンシルヴェニア州ゲティスバーグ（南北戦争の有名な激戦地のちょうど隣）に購入した農場を愛し、その発展と改良を趣味のようにしていた。そうした熱意を他の者たちも共有していると思い込んでいた大統領は、農場の改良を手伝った連中の動機をまったく疑わなかった――家畜や景観の整備、トラクターなどの装備、納屋の建設、古い建物の改装、さらには地所の拡張でさえ。彼らの中には、石油業者のW・オールトン・ジョーンズ、B・B・バイヤーズ、そしてジョージ・E・アレンとネルソン・ロックフェラーの関係者が含まれていた。

よりシニカルな批評家が不信感を示したのは、アイゼンハワーの在任中、石油業界が政府から利権を得たと思われることだった。トルーマンがエドウィン・W・ポーリーを海軍次官に任命して議論を呼んだように、アイゼンハワーが石油業者のロバート・アンダーソンを最初に海軍長官、次に国防長官、そして

ネルソン・ロックフェラーがアイゼンハワー大統領と冗談を交わしている。この大物石油業者は「アイク」を意のままに操っていたとする者もおり、実際、彼の政権は大手石油会社に重大な譲歩を行なった。

最後に財務長官に任命したのは怪しかった。彼はこれらの役職すべてにおいて、自身の産業の利益を増した。

その証拠はある。しかも、それは非常に不利な証拠といわざるをえない。世界でもっとも強力な指導者は本当に「世間知らず」だったのだろうか。アイゼンハワーは偉大な人物だが、彼には子どものように純真なところがあった。それが——今でも——彼が汚職に関与した可能性を信じがたくしている。

第8章

冷戦——秘密の策略家たち

政治的、経済的、そして軍事的に傑出した存在となったアメリカは、自由世界のまぎれもないリーダーとして1960年代を迎えた。しかし、海外での摩擦、国内での疑惑や不正がうずまく情勢は、超大国の現状があまり安泰ではないことを示唆していた。

左：ジョン・F・ケネディは楽観主義と若々しい活力そのものであり、リチャード・ニクソン（写真上）はひねくれた皮肉そのものだった。2人はまったく異なる大統領像を示したが、一皮むけば、その類似点は見かけよりも多かった。

「目的と方針がなければ、努力と勇気は不十分である」

アイゼンハワーの権威は絶大だったが、それは第2次世界大戦での彼の指揮官としての役割に由来するもので、ある意味で歴史的なものだった。アメリカは終戦後もけっして警戒態勢を解くことはなかった。赤軍と西側連合軍による「ライン川の攻防」は戦後の時代に一触即発のスタートを切らせた。超大国間の対立はその後40年にわたって世界の構図を形づくることになった。こうした状況を考えれば、大統領が軍人であることは理にかなう話だったが、就任時、すでに60代だったアイゼンハワーは過去の人ではないにせよ、明日の人でもなかった。冷戦の情勢は冷ややかだったが、アメリカが勝者であり、自由世界の牽引役であることは確かだった。景気も好調で、産業も繁栄していた。この活力と成長力は大統領の地位にも反映されようとしていた。アメリカは将来への期待に包まれていた。

ジョン・F・ケネディ(在任1961−1963年)

ケネディ家はまさに「暗黒史」を裏づける一族となった。同家はしばしば「アメリカの王室」と言われ、その肩書きにふさわしい家族だった。だが、現代アメリカ史における彼らの役割はひどく曖昧で、それはかえって逆説的な肩書きだとも言える。今日、われわれは「イメージ戦略」や「メディア管理」、「セレブ文化」、「ファッション・リーダー」といった概念をよく知っている。それらの影響力は抗しがたいものだが、われわれはその本質を見抜いている。「ケネディ家のカリスマ性」もこうした策略の1つで、それは同家の矛盾を見事に物語っている。彼らの壮麗な華やかさが見せかけである一方、その悲劇はまさに現実のものだった。

このもっとも優雅な政治的一族には忌まわしい先祖がいた。ジョゼフ・P・ケネディは冷淡で狡猾な男だった。株で莫大な富を築いた彼は、不動産業と輸出入業にかかわった。抜け目のない彼は、さらにボストンのカトリック系民主党組織に恐るべき人脈を築いた──どうやら禁酒法時代に知り合った酒類密造者やギャングがからんでいたらしい。彼は映画産業にも巨額の投資を行ない、結果として1928年にRKO（レディオ・キース・オーフィアム）という映画会社を設立し、業界の有力者となった。こうして女優たちに自由に近づけるようになった彼は、グロリア・スワンソンのような大スターにも手を出し、浮名を流した。だが、彼ほどハリウッドのロマンスに影響されない者はいなかった。早くもこの段階で、彼は活字や放送のニュースだけでなく、より幅広いメディアが世論や社会の動向を左右するようになると予感していたようだ。

彼のそうした影響力は政府にまで及び、彼はフランクリン・D・ルーズヴェルトに取り入って、1938年までに駐英アメリカ大使の地位を手に入れた。だが、その勝利はあまり

右：策士であり、ナチの同調者であり、同時に臆病者だったジョゼフ・ケネディは、その世代の多くの人びとから恐れと嫌悪感をもって見られた。しかし、彼が築いた王朝は広く尊敬を集めることとなった。

反ユダヤ主義への共感

ユダヤ人を蔑称で呼んでいたジョゼフ・ケネディは、彼らに不快感をもっていた。「民族として、連中は腐っている。

連中が触れるものはすべてだめになる」と彼は言った。残念ながら、そうした見方は1930年代のアメリカではめずらしいものではなかった。しかし、ケネディはそれをエスカレートさせた。ひどく傲慢でうぬぼれの強かった彼は、民主政府の駆け引きにいらだち、ヒトラーの目的に対する共感を隠そうとしなかった。1940年の秋には、ドイツと合衆国との「さらなる理解」が果たされることを期待して、独断でアドルフ・ヒトラーに取り入ろうとした。その年の11月、民主主義は「終わった」という発言が公になったとき、彼の外交官生命は終わり、さらに大統領になるという見通しも断たれた。彼はその期待と野心をかわりに息子たちへ注がなければならかった。

にも大きすぎた。ケネディはすぐに無神経な発言や露骨なファシスト的発言を連発し、戦争の危機にあったイギリスで失態を演じた。銃撃が始まり、「電撃戦」が勃発すると、「神経質なジョー」は始まったばかりの空襲を避けるため、毎晩、あわててロンドンから地方へ逃げ出し、その情けない姿はイギリス国民の軽蔑をまねいた。

ケネディと息子たち

自分がホワイトハウスをものにできないと確信したジョゼフは、かわりに長男のジョー・ジュニアを仕込むことにした。すでに爆撃機のパイロットとして名声を得ていたジョー・ジュニアには内に秘めた勇気があり、臆病な父親とは正反対だった。しかし、父親の政治的不名誉は息子にそそぐべき大きな汚名を残していた。彼を勇敢にも無謀な行為へと駆りたてたのはこのせいだったのかもしれない。1944年、彼はアフロディテ作戦への参加を志願した。簡単にいえば、それは航空機に大量の爆薬を積み込み、ミサイルのように標的にぶつけるという計画だった。いったん機体が空中に出れば、この無人の飛行爆弾は後続の僚機の乗組員によって遠隔操作することができたが、誰かが最初に機体を離陸・上昇させる必要があった。これが決死の作戦になることは明らかで、実際、ジョー・ジュニアにとってそうなった。彼が操縦していたB-24リベレーターは、イギリス沿岸を越える前に爆発した。

早くもこの段階で、彼は活字や放送のニュースだけでなく、より幅広いメディアが世論や社会の動向を左右するようになると予感していたようだ。

こうして父の関心は次男のジョンに移った。彼が２番手の地位に疑問を感じていたと考える理由はない。どちらの息子も一族の（ある

戦争の英雄であり、演説の名人であったばかりか、かつてないほどに颯爽とし、個人的にも魅力的な若手政治家だった「J.F.K.」は、すぐにアメリカの有権者の心を勝ち取った。

いはその父親の）名声が何よりも優先されるという前提の中で育ってきた。ジョンは太平洋で操っていた魚雷艇が日本の駆逐艦に沈没させられたとき、その責任を問われる――後に批評家たちが非難したように――ことはなかったようだが、自分が英雄扱いされることには気がとがめた。当時、作戦に完全に失敗した魚雷艇PT-109は、まずい時にまずい場所にいた。だが、それに関して、ケネディ大尉は賞賛すべき勇気と冷静さを見せた。おもに彼のおかげで、彼とその乗組員は生き延び、敵の捕縛をまぬがれた。しかし、父親が映画界に手をまわし、PT-109でのジョンの手柄が誇張され、歪曲されて、それに便乗した映画の題材にされたとき、彼の勇敢さは価値を損なわれた。

だが、当時は誰もがそんなふうに見ていたわけではなかった。それどころか、その若き英雄は尊敬を集め、ほとんど自動的に1960年の民主党大統領候補に選ばれた。彼がカトリック教徒であることは指名争いで不利に働いたかもしれないが、それでも戦歴がものをいい、「ニュー・フロンティア政策」についての演説も感動的なほど雄弁だった。勝利が決定的になったのは、彼が共和党の対立候補リチャード・ニクソンを史上初のテレビ討論会で完封したときだった。それは彼の話の内容というより、その若々しい容姿と気どらない態度によるものだった。もちろん、ニクソンは手ごわい相手だった（「策略家ディック」も大統領の暗黒史に自身の１章を記すことになった）。だが、テレビでその挑戦者と並ぶ

破壊された人生

ジョンの妹でジョゼフの長女だったローズマリーは、思春期の頃から激しい気分変動に悩まされていた。彼女は1941年、23歳のときにロボトミー（前部前頭葉白質切断術）を受けた。これにより、彼女の状態は「落ち着いた」が、幼児に戻ったような知的障害が残った。後から考えると、一家がこうした措置を必要としたのは当然だった。それは彼女が父親からの性的虐待を明らかにするのを阻止するためだったともいわれている。これが事実かどうかはわからない。だが、彼らはどうしてもその政治的「名誉」を守らなければならないと感じたのかもしれない。躁状態のとき、ローズマリーは夜中に学生寮を抜け出したり、得体の知れないことをしたりした。いずれにせよ、それはひどく強引な措置だったように思われるが、当時、彼女の受けた手術——あまり試されたことがなかった——が効果を期待されていたことも忘れてはならない。彼女がそんな結果になることは、必ずしも「意図されて」いなかった

外見上は優雅で落ち着きのあったローズだが、心の病によって、そのあらゆる可能性を大きく制限された。彼女の人生はまさに悲劇だった。それはケネディ家のもっとも卑劣で後ろ暗い秘密だったとさえ言えるかもしれない。

と、ニクソンはどうしても老けて見え、気難しく、落ち着かない様子だった。一方、ケネディは新しい「大統領像」を生み出していた。

しかし、実際にホワイトハウスへの道を開いたのは、昔ながらの組織政治だった。テキサス（ジョンソン副大統領の州）では不正疑惑が広まり、イリノイではシカゴ市長のリチャード・デーリー（マフィアと関係があったとされる）がのりだした。ギャングでジョゼフ・ケネディの旧友だったフランク・コステロの指示により、そこでは死者が起き上がって歩き出し、投票したという噂が絶えなかったが、立証はされなかった。

魅惑のケネディ時代と不名誉

颯爽とした若き大統領と美貌のファーストレディーを迎えて、ホワイトハウスはまさに理想と希望に満ちていた。そんな魅惑的なケネディ時代は、中世イングランドでアーサー王の伝説の宮廷があったとされ、勇ましい騎士や麗人たちが集った理想郷キャメロットを連想させた。ちょうどその頃、同名の有名なミュージカルがブロードウェーで上演されたこともあり、当時はちょっとしたおとぎ話のような時代だった。だが、実際のところ、大統領はその仕事に不向きで、私生活も奔放だったうえ、ファーストレディーも自己陶酔の世界に浸っていた。

若々しい活力というイメージにもかかわらず、ジョン・Ｆ・ケネディは病弱だった。思春期の頃から、ケネディは腸上部や尿路の機能障害のための治療薬にくわえ、あらゆるアレルギーに対する抗ヒスタミン剤を飲まなければならなかった。30歳のとき、彼の病歴にアジソン病が加わった。これは体内の血糖やストレス反応を調節する副腎が冒される病気だったが、彼がこの疾患に対して服用したステロイドは予測不可能な気分変動を引き起こした。歴史家のロバート・ダレックが亡くなった大統領のカルテをついに入手し、2002年にその内容を報告したところによれば、ケネディは1950年代に密かに９回も入院していた。やがて、薬物の多剤併用は深刻な骨の変性をまねき、脊椎骨の一部が崩壊した。彼はただ生き続けるために、ますます多くの鎮痛剤が必要になった。

そうした薬には彼の性欲を増す副作用もあったのかもしれない。だが、ケネディ兄弟は権利と権力のために育てられた多くの若者と同様、女性は自分たちに奉仕するための存在と考えていたようだ。また、女性たちの方も彼らの自信と確実性、そしていうまでもなく、ケネディの大統領としての権力に誘惑されたことは間違いない。しかし、JFKの女遊びはその執拗さと強引さにおいてほとんど病的だった。もちろん、誰も実際の数は知らないが、彼が口説き落とした女性は何百人にも上った。ただ、欲望にとりつかれ、突き動かされた彼だったが、そのやり方は無作法なものだった。キャメロットのアーサー王はけっしてロマンティストではなかった。この傑出した騎士からはチョコレートも花束もなく、前戯さえな

やがて、薬物の多剤併用は深刻な骨の変性をまねき、脊椎骨の一部が崩壊した。彼はただ生き続けるために、ますます多くの鎮痛剤が必要になった。

かったようだ。それは男性本位の性急なセックスだったらしい。ジャッキー自身、その伝説の浮気男はベッドをきしませようともしないと友人に不満を漏らした——「彼はさっさと済ませて、自分だけ眠ってしまうの」

ノーマ・ジーンとジョンとロバート

ジョン・F・ケネディの浮気はほとんどが一度限りのたわむれだったが、長続きした情事もいくつかあったようで、なかでも悪名高いのがマリリン・モンローとの浮気だった。悪名高いというのは、彼女がすでに象徴的存在であり、きわめつけのセクシー女優だったからばかりか、別の相手とも付き合っていることが知られていたからだ。当時のハリウッドでは、売り出し中の若手女優はマフィアを接待することなしには成功できなかった。

もし作家のロバート・スラッツァーが信用に値するとすれば、マリリンも大統領の性的技量にはひどくがっかりしたようだ。「彼のセックスは高校生みたいだった」と彼女は不満を言ったらしい。にもかかわらず、マリリンの伝記を書いたアンソニー・サマーズによれば、その銀幕の女神はジョンに夢中で、ちょっとしたストーカーになるほどだった。マリリンのひっきりなしの電話にうんざりした大統領は、彼女を徹底的に無視したため、彼女はその頃から弟のロバートと親しくなった。ロバート・ケネディは法的訓練を受けていないにもかかわらず、司法長官に任命されてい

ジョン・F・ケネディとジャクリーン・ブーヴィエは似合いの夫婦であり、まさにアメリカの理想のカップルだった。彼女の気品と洗練された美しさは、彼の見た目の良さと強さ、そして活力を引き立てた。

た。彼はそこで、組織犯罪を厳しく取り締まる決意を明らかにした。

たとえケネディ家が彼らに大きな「借り」があったという周知の事実がなくても、これはトラック運転手組合の会長ジミー・ホッファや、シカゴのマフィアのボスであるサム・ジアンカーナのような連中には挑発と受け取られたはずだ。実際、ロバートの行動に怒った彼らがマリリンを殺し、それを愛人の名誉を傷つけるための自殺に見せかけたという陰謀論もある。

キューバの危機

指導者としてのケネディは、浮気男として

永遠のジャッキー

ジャクリーン・ブーヴィエとして生まれたジャッキー・ケネディは、そのフランス風の姓から想像するほどフランス人らしくはなかったが、彼女が夫の一族に洗練された趣味とスタイルをもたらしたのは確かである。彼女自身の父親がひどい浮気者だったことも、彼女が夫の飽くなき女遊びを平然と受け流すのに役立ったかもしれない。自分のプライバシーは守りながらも、彼女は公の場に花をそえ、ホワイトハウスの改修工事ではまさに優雅でファッショナブルなセンスを披露した。1963年、次男のパトリック・ブーヴィエ・ケネディが生後わずか2日で亡くなったことは夫妻に大きなショックを与えたようだが、同年、夫が自分の隣で殺害されるのを見たことは、彼女にとって生涯のトラウマになったはずだ。当然ながら、彼女はその結婚の好ましい面だけを心にとめようとした——実際、彼女は「キャメロット」ブームに大きく貢献した。その結果、彼女がようやく気持ちを切り替え、1968年にギリシアの海運王アリストテレス・オナシスと再婚したとき、人びとは「ジャッキー・オー」に失望した。しかし、これは2009年、伝記作家のデーヴィッド・ハイマンの主張が引き起こした怒りに比べれば何でもなかった。それによれば、ジョンが暗殺された直後、彼女は義弟のロバート・ケネディと関係をもち、その翌年には俳優のマーロン・ブランドと浮気をしていた。

政治は「醜い連中のショービジネスだ」と皮肉を言ったジェイ・レノは、J.F.K.とジャッキーのことを忘れていた。彼女はファーストレディーの地位にまったく新しい魅力をもたらし、当時のファッション・リーダーとなった。

の彼ほど優秀ではなかったといわれている。彼は1961年４月のピッグズ湾侵攻で対応を大きく誤った。共産主義の指導者フィデル・カストロの転覆を切望する亡命キューバ人部隊は、アイゼンハワーの下でCIAから支援と訓練を受けていた。ケネディはその侵攻に同意したが、「否認権」を確保するため、土壇場で肝心の上空援護を中止した。その侵攻は不名誉な失敗に終わり、不敵なカストロは左翼の象徴としての地位を確固たるものにした。実際、世界中の革命運動がアメリカの失態に勇気を得た。

翌年、ケネディがその名誉を少しだけ挽回できたのは、ソヴィエトの指導者ニキータ・フルシチョフがキューバにミサイルを配備し、アメリカを威嚇したときだった。多くの者の意見によれば、両国のその後の膠着状態を「世界が固唾をのんで見守る」なか、「フルシチョフが動揺した」のに対し、ケネディ大統領は断固たる態度を貫いた。それから20年後、両国が互いに腹を探り合う一方で、アメリカの駆逐艦ビール号とソ連の潜水艦が接触し、危うく核戦争を引き起こしそうになったことが明らかになった。

いずれにせよ、キューバはケネディにとって破滅の原因だったとする者もいる。それは冷戦への忠誠によるものではなく、マフィアとの古いつながりによるものだった。彼らは先のバティスタ政権の保護のもと、キューバできわめて金になるカジノ・リゾートを運営していたが、カストロの革命——その是非はどうであれ——によってそれを奪われた。陰謀論者によれば、マフィアはジョン・F・ケネディにその資金源を取り戻させるという条件で、彼を権力の座に就けた。だが、彼はそうしなかったため、運命が決まった。

ジュディス・エクスナーがJ.F.K.の愛人であることはたいした問題ではなく、それは彼女が何百人もの女性が所属するクラブの一員になったということにすぎなかった。大統領にとって問題だったのは、彼女が有力なマフィアのボスとも寝たことだった。

左：今から考えると、あの当時のもっとも象徴的な2人が結ばれたのは必然だったように思えるが、マリリン・モンローは大統領に真剣に恋していたとも言われる。

ダラスでのある日

陰謀論者がいうには、1963年11月22日にダラスで大統領を暗殺したのはマフィアだった。こうした陰謀論が盛んに出るのも当然だった。絶大な人気を誇る若き大統領が撃ち殺されたという大きな衝撃は、その後の混乱とともに、こうした憶測を避けられないものにした。暗殺犯とされるリー・ハーヴェー・オズワルドは、ナイトクラブのオーナーでマフィアと結びつきがあった（といわれる）ジャック・ルビーによって、法廷に姿を現す前に射殺された。それ以来、「暗殺学」が活発化し、魔法の弾丸や芝生の丘といった事柄が事態を

顎ひげを生やし、ベレー帽をかぶった右の男がキューバの指導者フィデル・カストロである。ピッグズ湾攻撃の直後で陽気な顔つきをしているが、それも無理はない。アメリカの支援を受けた侵略軍は屈辱的な撤退を余儀なくされた。

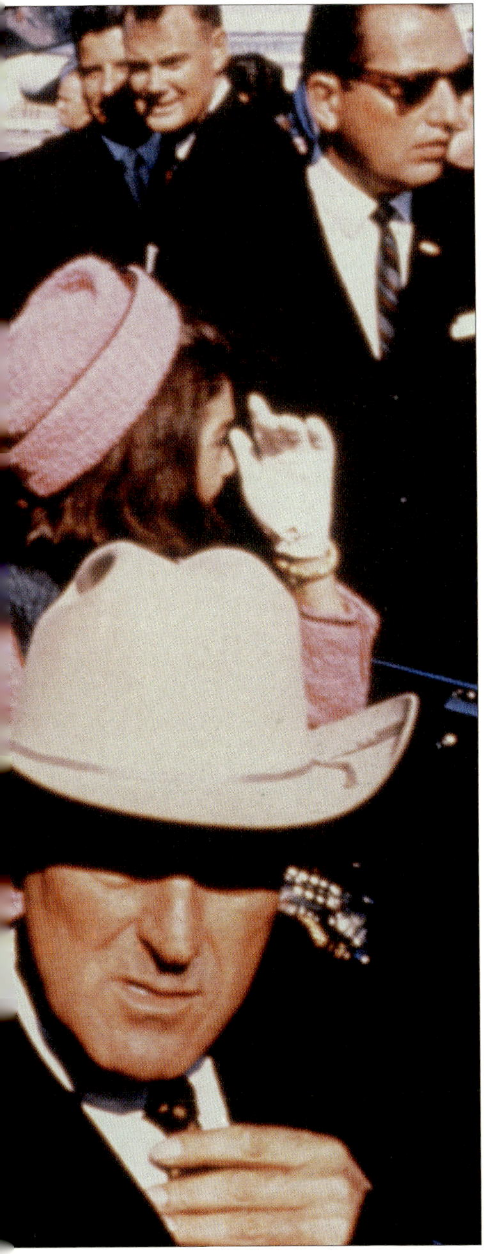

1963年11月22日、ダラス中心部で車のパレードに出発する大統領とファーストレディーに賞賛と親愛の笑顔が向けられている。この直後の惨事をいったい誰が予想できただろうか。

当初よりもさらに複雑にした。目撃者の矛盾した証言、記録の紛失といった不可解な証拠の空白も、事件を調査するために設置されたウォーレン委員会への不信を深めた。

問題は、「事実」が流動的なため、あらゆる説明が成立しうるということだ。たとえば、オリヴァー・ストーン監督の映画『JFK』（1991年）では、リベラルな理想主義者とされたケネディが、ベトナム戦争からの撤退を懸念した軍産複合体の工作員によって抹殺された。だが、実際のところ、ケネディは南ベトナムへの関与を強めた一方、ディエムの独裁政権を打倒することに同意し、政治的空白を生み出して、同国での戦争をほとんど時間の問題にした。

リンドン・B・ジョンソン（在任1963-1969年）

しかし、ベトナム戦争が本格的に始まったのは、ケネディの後任者のもとにおいてだった。もし「アメリカの悲劇」があるとすれば、約6万人のアメリカ兵が犠牲となったこの戦争がそうだ。もちろん、それはベトナム人にとっても悲劇であり、500万人以上の命が奪われ、彼らの国（と近隣諸国）の大部分が破壊された。事実上、アメリカの民主主義機構に対する敬意も破壊された。

1964年、その戦争は米軍艦への「攻撃」という架空の事件によって始まり、その後も継続されることになった。4年後の1968年、リンドン・ジョンソン自身もそれが捏造だったことを認めている。ただ、このトンキン湾事件によって政府が西側のマスコミに怒りをあおらせなければ、戦争拡大への口実はできなかっただろう。アメリカはなみはずれた技術と富を誇る自国の優位性に満足し、ケネディの国防長官ロバート・マクナマラは「連中は角氷もつくれない」と敵をあざ笑った。ところが、ベトナムの人的資源と回復力は予想をはるかに上まわり、彼らはアメリカには考えられない方法で死傷者をもたらした。彼らはしだいにアメリカを疲弊させていった。

ほとんどのベトナム人にとって、その戦いがどんなに過酷であろうと、占領者に抵抗する以外の選択肢はなかった。だが、多くのアメリカ人にとって、その戦いはけっして必要なものとは思えなかった。社会はますます麻痺状態に陥った。中流階級の子供たちの間では政府への不信が強まり、それは依然として公民権を求めてデモを行なっていたアフリカ

右：リンドン・ジョンソンはJ.F.K.とはまったく違った。実際、彼はあざ笑うかのように反ケネディ的な態度を示した。自分を粗野で下品に見せた彼は、その政治スタイルにおいても無愛想で荒々しかった。

リンドン・ジョンソンは、ベトナム戦争の倫理に対する国民の怒りと、アメリカの多くの若者に強いられている命の犠牲に対する不満の矢面に立たされたが、それは必ずしも正当なものではなかった。

勝利への道

1934年、クラウディア・アルタ（「レディー・バード」）に求婚したジョンソンは、例によって強引だった。基本的に、彼は自分の思いどおりになるまで彼女を苦しめた。彼女の父親はジョンソンを認めなかった。彼女自身は待つことを望んだが、ジョンソンは彼女を手紙攻めにし、自分のものになるように迫った。最終的に、彼は下院議員の秘書として働いていたワシントンから、遠くテキサスまでやって来て、彼女にこれが最後のチャンスだと言った。彼女は降参し、それ以来、ほとんどすべてに対してそうした。彼女は不満ながらも、ジョンソンの浮気を彼の権利として受け入れた。前途有望な政治家だったジョンソンは、セックスを権力の賞品として考えていた。大統領になったとき、明らかに自分が前任者と比べられていることを感じた彼は、「ケネディが意図的にものにしたよりも多くの女を自分は偶然ものにした」と豪語した。とりわけ、愛人の1人だったマデリン・ブラウンは傑出した存在だ。ジョンソンの死後の新聞取材において、このテキサス出身の女性は彼と20年以上にわたって不倫関係をもち、彼の息子を産んだと主張した。彼女はまた、彼がケネディ暗殺を事前に知っていたと示唆した。

辛抱強い「レディー・バード」は、その前任者と同じくらい夫の浮気に耐えなければならなかった。ただ、リンドン・ジョンソンを魅力的だと評する者はいなかっただろう。

系アメリカ人の間で高まる怒りと合致した。黒人は徴兵率においても不当に高かったが、これに関していえば、ジョンソン政権は多くの人びとが思っているほど完全な失政ではなかった。アイゼンハワーのもと、1957年の公民権法を上院に可決させた彼は、ケネディがやろうとしていた以上のことをアフリカ系アメリカ人のためにした。しかし、期待はそれを上まわり、ベトナム戦争の傷が化膿するにつれ、感情は激化していった。一連の下院委員会に対するジョンソンのあまりに楽観的な証言と彼の密かな戦争拡大政策により、アメリカはそれ以後、後戻りするタイミングを逸した。

リンドン・ジョンソンは憎悪の対象にぴったりだった。この粗暴な悪党は、敵に威張り散らすだけでなく、味方にも横柄で強引だった。彼の野蛮さは屈辱を与えるための意図的なものだったのだろうか。上院議員時代、彼は会議中にオフィスの流しに小便をした。大統領になってからも、彼はトイレに座りながら部下たちと話した。口汚く、糞尿まみれの彼は、ホワイトハウスを反キャメロットの粗野で下品な場所に変えた。彼はけっして前任者の貴族的な態度をまねようとはしなかった。

リチャード・ニクソン（在任1969–1974年）

リチャード・ニクソンは（最終的に）ベトナムからの撤退に尽力し、南部での人種差別撤廃を実施し、中国との取り決めによって冷戦の緊張緩和――デタント――にも貢献した。彼は辞任に追い込まれた唯一の合衆国大統領としてもっとも有名だが、こうした点も心にとめておくべきだろう。おそらく、辞めさせられる理由は他にもたくさんあったはずだが、ニクソンの最大の罪は見つかったことだといえるかもしれない。実際、彼の犯罪事件簿は長くて多彩だった。

悪名高いホワイトハウスのテープには、「卑語省略」された暴言と不愉快な会話が2000時間にわたって録音されており、下品で口汚い男の実態が明らかになった。しかし、下品な言葉はこの第37代大統領にとって大した罪ではなかった。「君は一般市民をやたらと気にする」と、彼は（他でもない）ヘンリー・キッシンジャーを愚弄した。キッシンジャーは、ニクソンが1969年から70年に中立のカンボジアを秘密爆撃する計画をともに進めた国務長官だった。この作戦で50万人以上の民間人が犠牲になったとされているが、その責任を問われた者はいない。さらに1973年、ニクソンはチリで左翼の大統領に選ばれたサルヴァドール・アジェンデに対するクーデターを支援するようにCIAに命じ、まず「経済的悲鳴」を上げさせるために同国の崩壊を指示したといわれている。かわって軍事独裁者のアウグスト・ピノチェトが権力を掌握すると、何千人もの人びとが殺され、さらに多くが抑留され、拷問された。彼は国内外の敵に対して、激しい憎悪と怒りをいだいていた。

一方、ニクソンはつねに計算高く、（ほとんど）つねに主導権を握っていた。1950年に「策略家ディック」というあだ名がつけられたのは、彼がヘレン・ガヘーガン・ダグラスを隠れ共産主義者として非難した卑劣な選挙戦により、まんまと上院議員の座を手に入れたときだった。ところが、支持者の実業家

議会は重要な問題すべてに関して無視された。彼らが集まったのは大統領執務室でもなければ、ホワイトハウスの中でもなく、多くはペンシルヴェニア通りに隣接する建物の「175号室」という密室だった。

から1万8000ドル（現在の10万5000ドル）の不正資金を受け取ったとして、今度は彼自身がたちまち窮地に立たされた。この告発に対してなんの弁明もできなかった彼は、かわりに、幼い娘が支持者からもらったスパニエル犬のチェッカーズを飼うことについて弁明したが、この件に関してはもともと批判などなかった。しかし、情に流されやすい有権者たちは、娘にペットを飼わせてやってほしいと懇願する彼を見て、うっかり道を誤った。ニクソンはこうして明日をだまし取った。

香港コネクション

マリアンナ・リューは1966年、香港ヒルトンでバーのホステスとして働いていたとき、リチャード・ニクソンと出会ったらしい。彼女はその後、ニクソンの部屋で彼と彼の友人の銀行家チャールズ・「べべ」・レボゾと一緒に酒を飲んだ。J・エドガー・フーヴァーはその部屋を監視させ、2人の親密な関係を示唆したが、両者はこれを激しく否定した。フーヴァーは考えがみだらで、他人を当惑させることに幼稚な喜びを感じる男だった。そのため、それが彼の中傷だった可能性はおおいにある。しかし、そのFBI長官が彼女を共産主義のスパイと疑っているとの報告があったのは確かだ。マリアンナの父親は人民解放軍の将校だったが、彼女自身は幼い頃、おじと暮らすためにイギリス統治下の香港へやって来た。

ニクソンと出会ってから3年後、彼女はアメリカへ移り住んだ。彼女の移住を可能にした働き口は、カリフォルニア州ホイッティアに住む夫婦の家政婦としてのもので、それはニクソンの自宅の近くだった。ただの偶然だと彼女は主張した。ニクソンもまた、彼がホワイトハウスにいる間、2人で密会を重ねていたという報道を腹立たしげに否定した。

共謀者たち

実際、ホワイトハウスの録音テープは、ニクソンがキッシンジャーをはじめ、首席補佐官のボブ・ホールデマンやアレグザンダー・ヘイグ、国内問題顧問のジョン・アーリックマンらとともに展開した、新しい卑劣な政治スタイルを裏づけた。議会は重要な問題すべてに関して無視された。彼らが集まったのは大統領執務室でもなければ、ホワイトハウスの中でもなく、多くはペンシルヴェニア通りに隣接する建物の「175号室」という密室だった。守秘が基本で、これはニクソンにとっては絶対だった。通常のプロセスを踏むことは、彼には考えられないことだったようだ。スタッフとの会議は、閣議というよりも共同謀議のような雰囲気だった。ある意味、それは当然だった。

右：危険な2人組であるニクソンとキッシンジャーの時代に関しては、東南アジアにおける問題の事件から、世界をより安全にした中国との「シャトル外交」まで、広く議論されている。

1972年6月のある晩、5人の侵入団がワシントンのウォーターゲート・ビルで現行犯逮捕されたときもそんなふうだった。民主党全国委員会本部へ押し込もうとしていた彼らは、侵入の道具だけでなく、盗聴器も身につけていた。そのうちの3人はキューバ人でピッグズ湾事件の退役軍人、1人は亡命キューバ人を訓練するCIAの工作員、そして5人目は大統領再選委員会のメンバーだった。同委員会から金を受け取ったという証拠があるにもかかわらず、共和党はどこまでも関与を否定し、民主党の不正工作だと怒って非難さえした。

しかし、ワシントン・ポスト紙のボブ・ウッドワードとカール・バーンスタインは粘り強く取材を続け、ついに「鉛管工」グループ

アグニューの苦悩

ニクソンが倫理の泥沼へと転落した悪夢を考えると、「策略家ディック」とそのウォーターゲート事件の共謀者以外にも犯罪者がいたことは忘れられがちだ。実際、ニクソン政権はその大統領を失ったばかりか、副大統領も失うというダブルパンチをくらった。スピロ・アグニューはウォーターゲート事件以前に失脚した。事件が起きた頃、彼はメリーランド州の役人——最終的には知事——だった1960年代の汚職を暴かれ、すでに辞任に追い込まれていた。彼は政府の仕事を求めていた請負業者から賄賂を受け取っていた。アグニューはウォーターゲート事件やそれに関連する政治的犯罪には関与していなかったようだ。彼にはそうした連中から離れて、他にやるべきことがあった。彼は脱税というより軽い容疑を認め、「国益」のために辞任することで、なんとか起訴（そしてその確実な結果としての実刑判決）をまぬがれた。ニクソンは彼に手紙を書き、その愛国的な自己犠牲を賞賛した——副大統領は「勇気と誠意」を示したと彼は述べた。大統領自身の基準によれば、彼はそのようだったらしい。

1973年、スピロ・アグニューは刑事責任によって辞任に追い込まれた唯一のアメリカ副大統領となった。だが、彼の罪はその政界のドンの罪が明らかになったとき、ずっと軽微に思われた。

上院ウォーターゲート委員会は、1973年5月から1年以上も開かれることとなった。ニクソンと彼の共謀者は、証拠のファイルやメモ、テープ、証言の言葉すべてに関して彼らと争った。

の事実を暴いた――これは漏れを防ぐという彼らの重要な役割に対する気の利いた呼び名である。だが、彼らの仕事はそれ以上だった。Ｅ・ハワード・ハントやゴードン・リディーといった大統領の側近たちから命令を受けて、彼らは人権活動家や女性解放運動家、反戦運動家を違法に盗聴したり、偽造文書を使って著名な民主党員――故ジョン・Ｆ・ケネディ大統領も含まれていた――を中傷したりしていた。彼らの頼りだった右翼の亡命キューバ人たちは、カストロに対する長年の戦いから秘密工作に長けていた。

内輪の恥が次々と明るみに出てくると、それを調査するために上院委員会が招集され、ニクソンは協力を約束するしかなかった。ホールデマンやアーリックマン、そして司法長官のリチャード・クラインディーンストはいずれも辞任を余儀なくされた。ホワイトハウスの法律顧問ジョン・ディーンは上院の捜査官と独自の取引をした――彼の証言はニクソ

ニクソンは弟ドナルドの電話を盗聴するように命じたといわれているが、ときどき妄想症の大統領が盗聴しなかった電話があるのだろうかと思うことがある。

兄弟への不満

大統領の兄弟はどうしたのだろう。ニクソンは弟ドナルドの電話を盗聴するように命じたと言われているが、ときどき妄想症の大統領が盗聴しなかった電話があるのだろうかと思うことがある。しかし、この弟には明らかに慎重な監視が必要だった。1950年代、リチャードが上院で名をあげはじめたとき、ドナルドは兄の名前を利用して、「ニクソンバーガー」を売りにしたレストラン・チェーンの開業を決意した。それはひどく安っぽい感じで、リチャードにとっては決まりの悪いものだったが、そのときはそれだけのことだった。だが、1956年までに、ニクソンはアイゼンハワーの副大統領として期待の星になった一方、レストランの経営は急激に落ち込んだ。ドナルドが「白い騎士」を必死に探しまわっていると、ハワード・ヒューズという怪しげな人物が20万5000ドル（現在の160万ドル）の融資とともに救済にのりだしてきた。その富豪の隠遁者が、ただの親切心から不運なドナルドを助けようとしているとは思えなかった。リチャード・ニクソンは純潔を守る必要があった。だが、その問題はケネディとの選挙戦をとおして彼を悩ませ、「ニクソンバーガー」に対する揶揄は大統領になってからも続いた。とはいえ、その頃には、彼はより大きな問題に直面していた。

ニクソンはみずからの辞任を愛国的な自己犠牲の行為とし、できるだけ威厳をもって立ち去ろうとした。有権者はまどわされなかったが、政界はその罪を許し、忘れることを望んだ。

ジェラルド・フォードがニクソンを即座に赦免したことは、彼の個人的な慈悲をよく反映したものではあったが、政治的才能を反映したものではなかった。それはウォーターゲート事件を清算するどころか、そのスキャンダルをくすぶらせる結果となった。

ンをこの陰謀に結びつけた。だが、ニクソンの有罪を明らかにするはずのその「決定的証拠」が確定されたのは、何カ月にもわたる凄まじい抵抗の末、彼がついにホワイトハウスの録音テープを提出させられてからのことだった。なんの説明もないまま、多くの部分が消去されていたが、それでもはっきりと録音されていたのは、彼がFBIにウォーターゲートの侵入団の捜査をやめさせようとする会話だった。ニクソンはしぶとく大統領の座にしがみついたが、1974年８月８日、すでに彼を辞任に追い込むための弾劾手続きが進むなか、彼はついに「アメリカの利益を最優先する」と宣言した。ただし、罪は認めなかった。

ジェラルド・フォード（在任1974－1977年）

ニクソンの在任中の行為と同じくらい驚きだったのは、彼のその後の回復ぶりだった。1994年の彼の葬儀には５人の大統領経験者が列席することとなった。有力なジャーナリストたちは彼の洞察力や見識、経験、そして「過ちがどうであれ」、アメリカ社会に対する彼の貢献をこぞって賞賛した。もちろん、罪を許そうとする寛大な心をもつことは立派であり、もしその罪人が自分のしたことにいくらかの後悔（あるいは真の自覚）を示すなら、それも意味がある。だが、この寛大さの背後には、あまり立派とはいえない日和見主義的な動機があったのかもしれない。アメリカ政界のエリートたちは、その後の長い将来のために、みずからのハードルを非常に低く設定しようとしていた。

それでも、「策略家ディック」の辞任から1カ月もしないうちに、彼がその副大統領で後継者のジェラルド・フォードによって恩赦を与えられたとき、アメリカ政界にも衝撃を受けるだけの慎みはあった。フォードは大統領の座にふさわしい礼儀をわきまえた人物ではあったが、やや能力に欠ける人物でもあった。彼のその行為はすぐに自身の信頼性を揺るがした。マスコミや国民にとって、恩赦は前大統領による新たな不正取引のように見え、現職大統領の不適切な職権乱用のように見えた。フォードはアレグザンダー・ヘイグ（大統領不在の空白期間、「大統領代理」を務めた）のようなニクソンの元側近たちのやり方を受け入れたが、それも裏目に出た。すでに見てきたように、ニクソンは政府の仕事のほとんどを秘密裏に行ない、とくに組織の正式な階層人事を無視していたため、副大統領だったフォードには動きにまったく見当がつかなかった。

リンドン・ジョンソンは、フォードは「屁をこきながらガムを噛むこと」ができない（その後の報道では「歩きながらガムを噛むこと」に修正された）と揶揄したが、これはジョンソンのライバルや同僚に対する見解の多くがそうだったように、およそあたっていた。実際、大学時代にフットボールの名選手だったフォードは、非常に聡明ではあったが、いくつかの点で単純な人物でもあった。生来の仲裁役、喧嘩の調停役だった彼は、大統領就任時、最愛の妻ベティーが乳癌を患い、ちょうど乳房切除手術を受けるところだったため、個人的にも大きな緊張にさらされた。彼にはアメリカが苦しんでいることがわかった。不正を働いた大統領を赦免することで、彼は魔法のようにその痛みと苦しみを消し去りたいと思った。フォードなら、ニクソンのしたことのほんの一部でも見つかれば、恥辱と罪悪感に打ちひしがれたはずだ。そして彼は愚かにも、ニクソンの「苦しみ」に同情を示した。

企業犯罪

彼は正直ではあったが、つねにヘンリー・キッシンジャーやドナルド・ラムズフェルドといったスタッフの態度や報告にその影響力を損ねられた。大統領がCIAの不正工作（暗殺を含めて）を調査するため、1974年のチャーチ委員会を支持し、1975年にはさらにそれを進めるためにロックフェラー委員会を設立したにもかかわらず、彼らはその調査範囲をできるだけ制限しようとしたらしい。それでも、ジョン・チャーチとその仲間の上院議員たちはCIAの一連の犯罪を暴いた。なかでも悪名高いのは、フィデル・カストロに対する暗殺計画だった。それはただの不法行為ではなく、ばかげた茶番のようだった（爆発する葉巻や、カストロの顎ひげを失わせるための脱毛剤など）。アメリカは冷笑にさらされた。もっと以前の標的には、ドミニカ共和国の独裁者ラファエル・トルヒーヨや、1950年代のコンゴの指導者パトリス・ルム

ジェラルド・フォードは1975年、その前年にチャーチ委員会が明らかにした事実をさらに調査するため、副大統領のネルソン・ロックフェラーにCIAの違法な国内活動の実態を捜査するように求めた。

ンバが含まれていた。また、1950年代から1970年代にかけてのMKウルトラ計画の一環として、LSDを使った尋問実験が行なわれていたことも明るみに出た。その実験では、兵士や精神病患者が事前の同意なしに利用されていた。

最初がウォーターゲート事件なら、次はこれだった。アメリカの国際的評価はずたずたになった。ただ、アメリカが——少なくとも当面は——屈辱よりも安堵を感じたのは、1975年4月末、サイゴン陥落によってベトナムへの介入が不名誉ながらも劇的な終わりを迎えたからだった。それはフォードの株をやや引き上げる「敗北」だった。

不適切な任命

もしフォードにスキャンダルがあったとすれば、それは彼自身の決断のいくつかが目の前でだいなしになったことだ。その1つがネルソン・ロックフェラーを副大統領に任命したことで、その選択はすでに議論を呼んでいた。ロックフェラーは保守的な共和党にはあまりにもリベラルすぎた。また、この石油業者はヘンリー・キッシンジャーのような権力者に気前の良い贈り物をしていたことが明らかになった。ニクソンの支持者（一部の右派

ベティーズ・リトル・ヘルパーズ

エリザベス・アン・ブルーマーとして生まれたフォードのファーストレディーは、未来の合衆国大統領と出会う前、モデルであり、ダンサーだった。しかし、その経歴は夫の政敵が示唆したがるほど、いかがわしいものではなかった。彼女は障害児にダンスを教えるために自分の会社を設立した。ファーストレディーとしての「ベティー」は、ただ黙って微笑んでいるというタイプではなかった。彼女は男女平等憲法修正条項を積極的に支持し、婚前交渉やマリファナの使用についてさえ、自分なりの意見を率直に述べた。そうした態度はより保守的な人びとを遠ざけることになったが、彼女の堂々とした正直さは大きな尊敬を集めた。

ベティーは当初、アルコールと鎮痛剤（後者は癌治療中に処方された）への依存症についてあまり語ろうとしなかった。しかし、その後の回顧録ですべてを公表し、1982年、みずからの経験を最大限に生かすため、彼女の友人であり、外交官で慈善家のレナード・ファイヤストーンの助けを借りて、カリフォルニア州ランチョ・ミラージュにベティー・フォード・センターを創設した。

上：ベティー・フォードは、彼女自身が苦しんだ依存症の問題を公にしたことにより、永続的な遺産を築いた。彼女はみずからの名を冠した世界屈指の治療施設を創設した。

アール・バッツの致命的な発言は、以前なら共和党員の間で冗談として通っていたようなものだった。それが今ではきわめて侮辱的に聞こえることを、事件は如実に物語っていた。

にまだ残っていた）は、キッシンジャーがロックフェラーのもう１人の子分アレグザンダー・ヘイグとともに、自分たちの英雄の失脚に加担したのではないかと疑った。

農務長官のアール・バッツに関していえば、1976年に公にされた人種問題についての発言は信じがたいものだった。彼はその年の共和党全国大会の後、カリフォルニアへ戻る飛行機の中で、スター歌手のパット・ブーンと前ホワイトハウス法律顧問のジョン・ディーンとおしゃべりをしていた。ブーンになぜ共和党はより多くの黒人支持者を得られそうにないのかと聞かれて、バッツはこう答えた――「有色人種が人生で求めているのは、引き締まった女のアソコと、だぶだぶの靴と、クソをするための暖かい場所だけだ」

もしフォードにスキャンダルがあったとすれば、それは彼自身の決断のいくつかが目の前でだいなしになったことだ。その１つがネルソン・ロックフェラーを副大統領に任命したことである。

ディーンとブーンがあまり感心しなかったらしいのは、せめてもの救いだった。この種の「ユーモア」は、かつてはどちらの党でも男同士の会話のありふれた材料だった。その発言が報じられ、自分の言ったことを非難されたバッツは、さっそく（そして恥知らずにも）「文脈を無視して引用された」という弁解を利用した。フォードは当面、その問題に触れないことにした。しかし、大統領は中立的態度をやめて一方の側につき、「バッツを

史上もっともアクシデントにみまわれがちだった大統領が、またしても不運な形で入国する様子。オーストリアに着いたジェラルド・フォードは、エアフォース・ワンのタラップを転げ落ちるというぶざまな姿をカメラにさらした。

蹴り出す」べきだという激しい抗議を受けて、彼はついにその農務長官を辞任させた。

流れ弾

スポーツ選手としての経歴があるにもかかわらず、フォードは動きがぎこちなかった。彼がスキー場で尻餅をついた写真は広く掲載された。もっとも有名なのは、オーストリア訪問で同国に到着した彼が、エアフォース・ワン（大統領専用機）のタラップでつまずき、転げ落ちたというもので、この出来事をコメディアンのチェヴィー・チェースがちゃかしたことはよく知られている。彼はよくゴルフでもとんでもない方向へショットを飛ばした。1977年、ウィスコンシン州メノモニー・フォールズのノースヒル・カントリークラブで行なわれたプロと有名人のゴルフ・トーナメントで、大統領の打ったボールが観客の頭にあたった。皮肉にも、彼は7年後、同じゴルフ場で見物していた少年の脚にボールを当てた。

大統領にとって幸いだったのは、彼の暗殺未遂犯も同じくアクシデントにみまわれがちだったことだ。1975年、数週間違いでなさ

ジョーダンの分別

カーター大統領を困惑させたのは彼の家族だけではなかった。首席補佐官のハミルトン・ジョーダンは、その社交面でひどく異彩を放っていた。現代のメディア担当アドバイザーの言葉を借りれば、彼は「自分自身の物語をつくった」。

彼はエジプト大使の妻が着ていた襟ぐりの深いドレスをいやらしい目で見たことを否定し、自分はいつも「ピラミッド型のもの」を見たいと思っていると述べたが、それは問題ではなかった。人びとはその逸話──と政府の困惑ぶり──をおおいに楽しんだ。また、彼が自分の飲み物（アマレット・クリーム）をサースフィールズ・バーで女性のドレスに吐きかけたという事件に関して、ホワイトハウスがその信憑性を失わせるため、33ページにわたる文書を発表したことも問題ではなかった。ワシントンにあるこの酒場は皮肉屋たちの巡礼地のようになった。だが、1978年、彼がスタジオ54でコカインを吸ったとして起訴されたことは、公の捜査で無罪となったものの、その悪評は尾を引いたようだ。

マンハッタンのナイトクラブ、スタジオ54は70年代末にあった店だが、そこでハミルトン・ジョーダンはホワイトハウスの首席補佐官でありながら、コカインを吸ったとされた。

GOOD
OLD
BOYS

左：ビールを缶からがぶ飲みするビリー・カーターは、そのイメージを払拭するどころか、それに迎合し、自分と自分の兄に向けられた揶揄と悪評をおおいに楽しんでいるようだった。

れた二度の企てはいずれも失敗に終わった。その不器用なのか及び腰だったのかわからない犯人は、１人目はシークレット・サービスに、２人目は勇敢な見物人によって首尾よく武器を取り上げられた。

ジミー・カーター（在任1977－1981年）

フォードは動きがぎこちないだけでなく、発言でもへまをした。1976年の再選挙で、彼が「ソ連による東ヨーロッパの支配はない」と断言したことは、大きな衝撃と不信をまねいた。幸いにも、対立候補は彼と同じくらい不運なジミー・カーターだった。フォードの共和党支持者たちも幻想をいだいてはいなかった。ニクソンの赦免はすでに勝てる見込みのない大統領候補に深刻なダメージを与えており、そんな彼に負けうる者がいるとすれば、それはカーターくらいだった。この民主党候補は天からの贈り物のようだった。カーターはどこからともなく現れた（実際にはジョージアからだが、彼には全国レベルでの実績がなかった）。有権者は庶民的で世間知らずな感じの彼を真剣に受けとめることができず、ピーナッツ農家出身という彼の経歴も

殺人兎の攻撃

ジミー・カーターが少しでも威厳を得るためにはどうすればよかったのだろう。1979年、彼はジョージア州プレーンズのはずれにある池で釣りをしていたとき、自分のボートの方へ兎がまっすぐ泳いでくるのを見た。広報担当官が記者たちに述べたところによれば、これは抱きしめたくなるようなかわいい兎ではなく、大型の（しかも興奮ぎみの）沼地兎だった――「シューッと威嚇するようにうなり、ちらりと歯を見せ、鼻孔を広げていた」。病気だったのか、発狂していたのか、それとも捕食動物に追われて恐怖に駆られていたのか。理由はどうあれ、兎はカーターのボートに乗り込もうとしているようだった。大統領は兎を追い払うため、オールを何度もふりまわさなければならなかった。

高潔さと知性を兼ね備えていたジミー・カーターには、もっとも偉大な合衆国大統領の１人になる素質があった。しかし、彼の政治的判断はひどく損なわれ、彼の素朴さも不利に働いた。

なんとなく滑稽に思われた。

国民は彼の信心深さをばかにすることに罪悪感をいだきながらも、その道徳的な生真面目さに不安を感じずにはいられなかった。プレイボーイ誌による大統領候補への前例のないインタヴューの中で、彼は神妙にこう打ち明けた——「私は多くの女性たちを欲望の目で見てきました。私は何度も心の中で不義を犯しました」。これはマタイによる福音書第５章28節に書かれてあるキリストの教えそのものだ——「しかし、わたしは言っておく。みだらな思いで他人の妻を見る者はだれでも、既に心の中でその女を犯したのである」［聖書（マタイによる福音書第５章28節）より訳文引用］。だが、多くの国民にとって、それはあまりにも潔癖に思われた。

家族の価値観

そうした大げさな自己処罰は、当然ながら独りよがりの嫌味と受け取られた。これが不当な評価であることは明らかだったが、カーターは批判と揶揄にさらされた。とくに、彼の妹のルース・ステープルトン・カーター——高名な伝道師——が、ポルノ製作者で「エロ本の帝王」と呼ばれたラリー・フリントと友人関係にあることが広く報じられたときはひどかった。1977年、彼女は彼をキリスト教に改宗させたと主張し、それは——少なくともしばらくは——事実だった。ハスラー誌は少しの間、新しく福音派キリスト教という不似合いな雰囲気をおびたが、ラリーは

1979年、テヘランのアメリカ大使館の職員たちが、彼らを捕らえた学生たちに連行される様子。この事件はイランとアメリカの関係に大きな打撃を与えたが、カーター政権にとっても最後の一撃となった。

すぐに信仰を失い、誌面は従来に逆戻りした。

弟のビリー・カーターは、大統領の兄弟の基準からして不都合な人物だった。マスコミから落伍者だ、無学な白人労働者だ、飲んだくれだと酷評された（まったくの誤りというわけでもない）が、彼は逆にそのイメージを利用し、「ビリー・ビール」という新たなブランドを展開した。

1979年、ビリーはアトランタ空港の滑走路で公然と小便をした。それは彼がジョージアへ招いたリビアの貿易代表団の到着を待っている間、急に尿意を催したからだった。一方、彼は多くの互恵代表団をみずから同国へ率いることとなった。ジョージア州のユダヤ人たちが、独裁者のムアマル・カダフィがパレスティナのテロを公然と支持している国からの公式訪問に反対したとき、彼は即座にこう答えた――「ユダヤ人よりもアラブ人の方がずっと多いのだから仕方ない」。ビリーはその後、リビア政府から22万ドル（現在の65万ドル）を受け取った理由を説明するため、上院委員会に召喚された。

物笑いの種

マスコミと国民はカーターを食い物にして楽しんでいた。大統領の単純な道徳観は、彼を抗しがたいほど魅力的な標的にした。極端に走りがちな彼の美徳は不利に働いた。ホワイトハウスのテニスコートのスケジュールを個人的に管理する大統領がどこにいるだろう。とりわけ、ジョージア出身の銀行家で友人の予算局長バート・ランスが同州のずさんな銀行業務にかかわったことが判明したとき、大統領の判断力は疑問視された。実際にはそれほど深刻な問題でもなかったが、カーターのあまりに高潔な雰囲気は、どんなささいな違反も破滅的な堕落に相当するように見えた。

マスコミから落伍者だ、無学な白人労働者だ、飲んだくれだと酷評された（まったくの誤りというわけでもない）が、彼は逆にそのイメージを利用した。

カーターにとって幸運だったのは、ウォーターゲート事件で大きな打撃を受けたジェラルド・フォードと共和党がその相手だったことだ。だが、彼は結局、権力を保持するほどの幸運には恵まれず、実際はその正反対だった。1979年秋、イランで積年の怒りが爆発し、過激派の学生たちの集団がテヘランのアメリカ大使館を職員ともども占拠したのは不運だった。また、その人質を救出するための軍事作戦が屈辱的な失敗に終わり、事態をさらに悪化させたことも、同じく不運だった。３機のヘリコプターが砂嵐で故障し、他の機も戦闘で失われて、８人のアメリカ兵が犠牲になったうえ、１人の人質も救出されなかった。その新しいイスラム政権はカーターをもてあそんだ。彼らが善意の証として人質を解放したのは、カーターの大統領選が終わり、その後継者が決まった後だった。

第9章

国際舞台——メディア、ミサイル、不正行為

冷戦の終結は「新世界秩序」をもたらし、アメリカはまさにその頂点にいた。だが、ホワイトハウスでは依然として旧体制が幅を利かせていた。大統領たちは、かつてないほどに影響力をもつようになった国際的メディアの注目を避けようとし、その結果として秘密や不正が横行した。

左：一見、まさかと思うような大統領だったロナルド・レーガンは、イメージ重視の時代に見事に対応する能力を備えた熟年の元俳優だった。おそらく、それはいくつかの点でジョージ・W・ブッシュ（写真上）を超えていた。

「政府はつねにそれが得る金のすべてに必要性を見つける」

スキャンダルはその秘密性によって決まる。国際社会で尊敬される立派な人物が、じつは隠れてあらゆる悪事を働いている。また、スキャンダルはその周知性によっても決まる。1980年代までに、24時間のテレビニュースの時代が来ようとしていた。活字媒体は生き残りをかけて、いかに露骨でたちいった報道ができるかにしのぎを削った。マスコミに暴かれないことはないように思えた。1985年には、大統領の結腸の状態がテレビの生放送で画像とともに詳しく論じられた。もはや秘密主義は忘れられた概念のようだった。だが、政治家たちがそれで心を入れ替え、不正はやめようと決心したかというと、まったくそんなことはない。彼らは人間であり、それもたいていは傲慢な人間だった。秘密の不正という高温の湿潤前線が、メディアの詮索という幅広の寒冷前線と交わったとき、それはスキャンダルという豪雨をまねいた。

ロナルド・レーガン（在任1981–1989年）

他国の多くの人びとにとって、ロナルド・レーガンの当選は衝撃的だった。ホワイトハウスの主が元俳優というのは、どうにも似つかわしくなかった。しかも、彼はただの映画俳優ではなく、『クヌート・ロックニー・オール・アメリカン』（1940年）という作品で、「ギッパーのために1勝するんだ」という安っぽい伝説のセリフを残した人物だった。とまどう人びとにこの新しい大統領を紹介するとき、そうした海外の新聞社は、大学フットボールの英雄ロックニーを演じたときの屈託のないレーガンよりも、『ベッドタイム・フォー・ボンゾ』（1951年）でチンパンジーとポーズをとる彼のスチール写真を選んだ。外国の人びとはそんなレーガンをどうしても真面目に受けとめられなかった——あるイギリスのライターは、カリフォルニア州知事時代の彼を「ロナルド・ダック知事」と呼んでいた。しかし、アメリカ国民にはそうした問題はなかったようだ。たとえこの新しい大統領を支持していなくても、あるいは好きでなくても、彼らはその才能に気づかずにはいられなかった。（一方、レーガン自身はそんなことを問題にさえしていなかった——深刻になりすぎないというのが彼の大きな強みの1つだった）。

議論を呼んだのはむしろ彼の年齢だった。1980年に初めて大統領に選ばれたとき、彼は69歳だった。だが、レーガンらしいことに、彼はこれさえも自分の強みに変えた。1984年の2度目の大統領候補討論会で民主党のウォルター・モンデールと対決し、その問題を指摘されたとき、彼は政治的目的のために敵の「若さや未熟さ」を利用したりしないと誓った。実際、レーガンは高齢ではあったが、未来を感じさせる新しいタイプの政治家だった。中身と外見が一枚のコインの裏表として見られたメディア重視の新時代におい

右：レーガンのさまざまな映画のイメージはつねにその政権につきまとった——これは彼が『ベッドタイム・フォー・ボンゾ』（1951年）でチンパンジー（とダイアナ・リン）と共演したときの写真。だが、彼はそうした揶揄を笑って受け流した。

て、彼は最初の「ポストモダンの大統領」といえるかもしれない。

何世紀にもわたって、政治は大演説と煙のたちこめる部屋、つまり、情熱的な弁舌と密室での駆け引きによるものだった。これらは依然として存在したが、しだいに政治的メッセージは商品のように売り込まれるようになり、その一方で、政治家たちにも俳優としての技能が要求された。しかも、それは最上段のバルコニー席の観客に向けて歌い上げる舞台俳優としての技能ではなく、気さくな会話のようなスタイルで話し、そのカリスマ性を抑えた映画スターとしての技能である。ロナルド・レーガンは演説も下手ではなかったが、何十年も俳優やテレビ番組の司会者として経験を積んできただけあって、聴衆の心をつか

この父にしてこの息子あり？

1958年に生まれたロン・ジュニアは、父親と同じくショービジネスの世界に入ったが、その道のりは彼が思い描いていたようなものではなかった。彼はイェール大学を1学期で中退し、ダンサーとしてシカゴの名門ジョフリー・バレエ団に入団した。1980年に結婚して以来、同性愛者疑惑は笑い飛ばされたが、リベラルであるという（より深刻な）非難はその後も続いた。彼は表現の自由の問題について積極的に意見を述べ、12歳のときからだという無神論の立場についても明らかにした。ただ、彼は父親の大統領在任中は沈黙を守り、父の後継者としてその衣鉢を継いだと主張する連中も遠ざけようとした――ロナルド・レーガンはブッシュのネオコンや現代の共和党右派と付き合う暇はなかっただろうとロン・ジュニアは言っている。一方、彼の腹違いの兄マイケルはこれと意見が異なる。幼くしてロナルド・レーガンと彼の最初の妻ジェーン・ワイマンの養子となった彼は、父親の右翼的見解の多くとともに育った。彼はもし大統領が生きていたら、ティー・パーティー運動に加わっただろうと確信している。

ロン・ジュニアは職業選択から政治的・宗教的見解に至るまで、すべてにおいて両親に反抗し、独自の道を貫いたが、彼は父親を困らせることはできるだけ避けようとした。

み、ほっとさせる才能があった。彼が真面目に受け止められるべき政治家であることは明らかだった。

レーガンは政敵に過小評価されることをなによりも好んだ。彼を道化呼ばわりした者たちは大統領を喜ばせていたわけだ。この写真で、彼はビル・クリントンにゼリービーンズを差し出し、好物を分かち合おうとしている。

笑い事ではない

ただ、レーガンにもおかしな一面がなかったわけではない。彼はただ気持ちが若かっただけでなく、ゼリービーンズが大好きだったり、勝手気ままなユーモアのセンスをもっていたりと、いろいろな意味でひどく子どもっぽくもあった。「私はロシアを非合法化する法律に署名した。われわれは５分後に爆撃を開始する」と、彼は1984年の再選に向けた政見放送の音声テストでおごそかに述べた。相互確証破壊についての冗談だったのだろうが、それを聞いたソ連は念のために安全を最優先し、軍隊を厳戒態勢に置いた。

しかし、レーガンのとんでもない発言がつねに冗談とはかぎらなかった。ヨーロッパの撮影隊とともに、ナチの強制収容所が解放されるのを目撃したという彼の主張をわれわれはどう解釈すべきだろうか。彼はその「体験」

1月の驚き

政治家はつねに成功を最大限に利用し、失敗は適当に受け流そうとする。実際、彼らに他のことは期待できない。そんな彼らが、選挙直前のもっとも重要な時期に、有権者に伝えるべき朗報を望むのは当然だ。しかし、包括的なニュースの時代は包括的なニュース管理の時代でもあり、政治家の良識には大きな懸念がある。イランの大使館人質事件では、カーター政権が1980年の選挙にまにあうように人質を解放させるため、同国のイスラム政権と取引することで、国民に嬉しい「オクトーバー・サプライズ《10月の驚き》」を与えようとしていた可能性があった。一方、共和党側がイランにより良い条件を提示したという疑惑も広がった。実際、彼らが最終的に人質を解放したのは、1981年のレーガンの大統領就任式の直後だった。イランが共和党に加担したというこの説はほとんど立証されていないが、数年後にイラン・コントラ事件が起きたとき、その状況証拠はおおいに信憑性を増した。

イランの人質がレーガン政権に明るいスタートを切らせるようなタイミングで解放されたのは、ただの幸運な偶然だったのだろうか。真実を知ることは難しいが、多くの評論家は疑いをもっている。

をリアルな感情とともに思い出しながら、何度も主張した――もっとも有名なのは、イスラエルのイツァク・シャミル首相との会談においてのものだった。それが事実として受け取れないことは明らかだ。たしかに、第２次世界大戦でのレーガンの軍務に恥ずべきところはなかった。近視が強かった彼は、兵士としてはあまり役に立たなかったものの、軍の訓練や士気の維持に役立てるために映画を制作していた第１映画部隊で懸命に働いた。だが、彼は戦時中、一度もアメリカ本土を出ることはなかった。

レーガンの最大の政敵でも、彼が故意にだまそうとしてそんなことを言うとはけっして思わなかった。たとえそれが彼の目的だったとしても、嘘が見破られないはずはなかった。われわれが納得できる唯一の結論は、彼がその効果的なエピソードをある程度は本気で信じていたということだ。つまり、この演出の名人はみずからをだましたのである。どんなに明白な嘘――これはそう見えないが――にも、しばしばいくらかの妄想が含まれている。もちろん、政治の世界では嘘をつくことは基本だ。カリフォルニア大学サンタバーバラ校の心理学者ベラ・デパウロは有名な研究を行なった。彼女によれば、嘘は「現実の自分とは違う理想の人間になれたらと思うときの（中略）願望のようなもの」だという。

しかし、大統領の感傷的な幻想はつねに害のないものとはかぎらなかった。1985年、支持者たちは彼がドイツのビットブルク軍人墓地を訪問する前に言った言葉に愕然とした。そこに埋葬されている者たちの中には戦時中の武装親衛隊のメンバーも含まれていた。彼は訪問の約束を取り消すように求められたが、拒否した――そのドイツ兵たちもまた、「強制収容所の犠牲者と同じく、明らかに犠牲者だった」。レーガンの言葉は、当時、新たなパーシング・ミサイルの配備をめぐってアメリカのために危ない橋を渡っていた西ドイツのヘルムート・コール首相に連帯感を示すためのものだったのかもしれない。しかし、その発言は、どんなに深刻な口論も温かい言葉と親しげな決まり文句でなだめられるという、彼の無邪気な思い込みに起因したものでもあった。だが、ユダヤ人団体にとって、問題はそれほど単純なものではなかった。

無知は言い訳にならない？

他の人びともまた、レーガンの軽率な発言は民主主義にふさわしくないと感じはじめていた。みずからの怠け癖についての大統領の冗談は、たしかに面白かった――「私は昼食時にけっしてコーヒーを飲まない。午後もずっと眠れなくなるとわかっているからだ」。政治家の執拗さにうんざりしていた国民の多くは、彼の鷹揚な態度を新鮮に感じていた。大統領執務室にいるよりもゴルフ場にいる方が好きだという彼の率直な発言に、人びとは憤慨するどころか、それを健全さの表れと見なし、彼の冗談にくすくす笑った――「どんなに頑張って働いても死ぬことはないといわ

レーガン政権は南アフリカの残忍で露骨な人種差別的白人政権を実質的に支持していたが、彼は自身の無知から失態を演じた。

れるが、なぜわざわざそんな危険を冒すのか」

　もっと真面目な評論家たちは、「大きな政府」の弊害を激しく批判した彼が、大統領の役割まで小さなものだと思っているのではないかと懸念した。しかし、彼が居眠りをしたり、冗談を言ったり、歩きまわったりしている一方で、彼の側近たちは精力的に働いていた。しかも、彼らはしばしば悪事を企んでいた。レーガン政権は南アフリカの残忍で露骨な人種差別的白人政権を実質的に支持していたが、彼は自身の無知から失態を演じた。政府の立場の正当性を説明するように求められて、彼は記者たちに、南アフリカは「かつてわが国にもあった人種隔離政策を撤廃した」と断言した。大統領には冷戦闘争における確かな同盟国をかばうだけの用意がなかったらしい。

　当時、ニカラグアは頭を悩ませるような国ではなかった。レーガンとそのスタッフは、同国の（選挙で選ばれた）サンディニスタ政権に対する戦いで右派のコントラを積極的に支援した。正式な軍隊としての形態をもてなかった彼らは、反政府勢力として、村の焼き討ち、住民の虐殺、誘拐、強姦、捕虜への拷問といった一連の残虐行為を実行した。これらは人権団体やカトリックの宣教師たちの証言によって明らかだった。アメリカがこの殺戮と略奪を繰り返す連中を支援したことは、レーガンの側近たちが議会に隠れて彼らに金を流していた事実が発覚する前でさえ、世界的なスキャンダルとなった。さらに、この支

西部劇のヒーローのような白いカウボーイ・ハットをかぶったロナルド・レーガン。彼の政権はホワイトハウスにハリウッドのちょっとした華やかさだけでなく、映画の世界の安直な道徳観ももたらした。

左：1985年、ドイツのビットブルク軍人墓地を訪れたロナルド・レーガンが、厳粛かつ真摯な態度で花輪を捧げようと歩みよる様子。彼は自分の融和的発言がいかに議論を巻き起こすことになるかをまったく知らなかったようだ。

USA

援を「帳簿外で」続ける手段として、政府がイランへの武器売却の代金を彼らに提供していたことが明らかになった。しかも、レーガン政権に批判的な者たちの主張によれば、それは1980年の大使館人質事件で共和党に協力したイランに対する政府の密かな見返りだったという。実際、多くの陰謀論がこのイラン・コントラ事件で見事にかみ合った。

アメリカ国民の多くにとって、この事件でもっとも忘れがたい記憶は国家安全保障会議のメンバーだったオリヴァー・ノースの証言だろう。軍事的正当性の実態を示すように、この元海兵隊員はあらゆる違法行為を認めたものの、それらすべてを反共主義という大義によって正当化した。一方、タワー委員会の調査におけるもう１つの忘れがたい記憶は、大統領が召喚されたときの曖昧な返答だ。彼は武器の輸送を許可した「記憶はない」と言った。それは彼の計算だったのだろうか。彼はわざと回避的な答弁をしたのだろうか。あるいは記憶力の衰え、それとも否認権によるものだったのだろうか。レーガンのこの傍観主義的な態度は、彼の名において行なわれた行為に対する責任をまぬがれるための手段だったのだろうか。いずれにせよ、それはあまり良い印象を与えなかった。

レーガンは部下たちによる金銭取引に関しても、同じく無愛想な態度だった。法と秩序という彼の確固たるメッセージは貧困層にだけ適用されたようだ。道徳改革の旗手だった大統領法律顧問のエド・ミースは、軍用品納

「自由」という言葉は、レーガンの演説では感動的な印象をもっていた。だが、ニカラグアの人びとにとって、それは反政府勢力コントラによる殺人や強姦、略奪というまったく異なる意味をもっていた。

この事件でもっとも忘れがたい記憶は国家安全保障会議のメンバーだったオリヴァー・ノースの証言だろう。軍事的正当性の実態を示すように、この元海兵隊員はあらゆる違法行為を認めたものの、それらすべてを反共主義という大義によって正当化した。

右：かわいらしいピンク色の服を着たナンシー・レーガンには、冷淡な一面を隠すような華やかな女性らしさがあった。彼女は子供たちにとっては冷たい母親だったようだが、夫にとっては忠実で愛情深い、保護者のようなパートナーだった。

入業者のウェドテック社が政府への特別なアクセスを得る見返りに賄賂を差し出したとき、自分もその利益を受けたと言った唯一の上級スタッフだった。ミースの旧友で顧問弁護士のロバート・E・ウォーラックは、その取引の仲介役だったとされ、結果として、ウェドテック社はアメリカ陸軍の備品を補充するための3200万ドルの契約を獲得した。その他にも、20人以上のスタッフがあれやこれやのスキャンダルで環境保護庁（EPA）を解雇され、住宅都市開発局（HUD）でも、職員たちが共和党への献金を行なった特別待遇の企業に建設契約を与えたことが判明した。一方、同局から560万ドルを横領したことが発覚したマリリン・ハレルは、その金を慈善団体に寄付したと主張し、新聞で「ロビン・HUD《フッド》」というあだ名をつけられた。さらに、1980年代末から1990年代初めにかけて、大統領とその部下たちが導入した非現実的な「規制緩和」のおかげで、700以上の金融機

最愛の「マミー」

　ナンシー・レーガンとロナルド・レーガンは相思相愛の夫婦として有名だった。大統領は愛情を込めて妻を「マミー」と呼んだ。だが、母親としての彼女は冷淡でよそよそしかったと娘のパティーは後に不満を述べた。ロン・ジュニアと同様、パティーも辛口のリベラルに成長したが、彼女は弟以上に両親を公然と批判しようとした。

　ナンシーは夫に対してきわめて忠実で、たいてい政治的議論にはかかわらなかったが、麻薬のように家族に関係する問題については例外だった。彼女の「Just Say No（ノーと言おう）」キャンペーンには、保守派にいわせれば、「真面目な」率直さという美点があった。一方、リベラルの批評家たちにいわせれば、それはあまりにも単純すぎた。しかし、ほとんど表舞台に姿を見せないナンシーが、じつは陰で実権を握っているのではないかともいわれた。彼女が夫のスケジュールを管理し、その激務――彼女にはそう見えた――から彼を懸命に守ろうとしたのは確かであり、危うく命を奪われるところだった1981年の暗殺未遂事件の後はなおさらだった。また、彼女が定期的に占星術師に助言を求め、 それに応じて大統領の予定を変更させていたという事実は、国民の興味をそそった。

関が経営危機に陥り、1600億ドルもの公的支援が必要となった。

ジョージ・H・W・ブッシュ（在任1989－1993年）

レーガンの副大統領は政治的特権階級の家に生まれ、父親は上院議員、２人の祖父はどちらも裕福な銀行家だった。彼は第２次世界大戦で海軍のパイロットとして手柄をたて、その後、イェール大学へ進んで経済学を学んだ。ヒューストンへ移った彼は、1948年から石油産業に着手し、すぐにかなりの財産を築いた。1960年代にテキサスで政治家としてのキャリアを積みはじめ、まず上院選に出馬（そして落選）し、次に下院議員となった。彼は同州との結びつきの度合いを誇張したとして批判をまねいた――「ロブスターにチリをかけて食べる唯一のテキサス人」と下院議長のジム・ライトは後に冗談を言った。下院議員時代、ブッシュは「公邸」として登録したヒューストンのホテルの部屋を保持するため、自分がテキサス州民であることを執拗に主張した。だが、皮肉屋たちによれば、これは彼が相続したメイン州ケネバンクポートの別荘に対する税金逃れが目的だったらしい。

同族企業

1970年代、ブッシュはまず国連大使、次に中国大使となり、1975年にはCIA長官に任命された。当時、彼の一族が暴利をむさぼっているという批判がたびたび生じた。1989年、北京の天安門広場での虐殺事件の後、兄のプレスコットは中国との正式な通商禁止を無視する形で、上海郊外にゴルフ・リゾートを建設するという1800万ドルの契約を結んだ。さらに、中国への通信衛星の販売も行ない、プレスコットはその取引で25万ドルを稼いだといわれている。彼はジョージ・H・Wが大統領に就任するわずか数日前、ビジネスを求めて日本にも訪れた。一方、大統領の息子ニール・ブッシュは、シルヴェラド貯蓄貸付組合の破綻に関与していた。捜査により、彼の信認義務の「たび重なる不履行」が発覚したが、刑事責任を問うまでにはいたらなかった。

ブッシュ家が銀行業と石油産業にその背景をもち、そうした業界との関係が続いていたことを考えれば、彼らが国際商業信用銀行（BCCI）と結びついていたことはそれほど意外ではなかった。パキスタンの実業家によって創立されたこの銀行は、石油資源に恵まれたサウジアラビアのようなアラブ諸国をはじめ、イスラム世界に幅広いコネをもっていた。それゆえ、当然ながら、アメリカの石油産業ともつながりがあった。しかし、BCCIはけっして普通の銀行ではなかった。それは数え

レーガンが彼を副大統領候補に選んだのは、おもに彼が中道派の節度を象徴していたからだった。ところが今、彼はみずからを右派と改め、事業規制や中絶、税制問題にのりだした。

左：静かに陰で糸を引くジョージ・H・W・ブッシュは、意気盛んなレーガンの完璧な引き立て役だった。大統領となった彼は、「ヴィジョンとかいうもの」に取り組まなければならなかった。

きれないほどの違反行為を犯し、最終的に海外の取締当局によって1991年に閉鎖へ追い込まれた。その何年も前から、捜査官たちはBCCIが積極的に麻薬密輸業者からマネーローンダリングのための犯罪資金を集めたり、テロ組織を支援したりしているという疑いを報告していた。そして今、BCCIの取引を徹底的に調べた結果、邪悪な金融帝国の存在が発覚し、その不正に満ちた経営、監視の目をごまかすための複雑な組織構造が明らかになった。BCCIの全貌はまだ解明されていないが、これと同様、コロンビアの麻薬カルテルやイスラムのテロリスト、オサマ・ビン・ラディンといった驚くべき連中と、間接的であれ、ブッシュ家を結びつけたBCCIに同家がどれだけかかわっていたのかも解明されていない。

右：ダン・クウェールをジョージ・ブッシュの副大統領候補に選んだことは、ちょっとしたとまどいをまねいたものの、この2人の組み合わせは1988年の選挙戦を制した。これは彼らがウェスト・キャロルトンの第４回ペーパー・フェスティヴァルのパレードにそれぞれの妻とともに笑顔で参加している様子。

狡猾な選挙戦

アメリカの大統領選挙戦は道徳に敏感な者にはけっして向かない場所だが、ブッシュの

おそらくビリー・カーターほどではないものの、プレスコット・ブッシュは中国と日本での商取引を大きく報じられ、弟の大統領を困惑させることに成功した。

女家長と愛人

バーバラ・ブッシュは早くから息子たちの母親としての役割を受け入れ、自分がそう定義されることに甘んじていた。とくに1953年、

娘のポーリーン・ロビンソン・ブッシュ（「ロビン」）を白血病で亡くしてからはなおさらだった。バーバラの髪はそのショックで白髪になったが、彼女は裏切りになるように感じて、それを染めようとしなかった。以来、彼女はそれまで以上に女家長としての役割に専念した。ホワイトハウスにおいてさえ、彼女はファーストレディーである前に母親だった。その頃すでに、夫が個人秘書のジェニファー・フィッツジェラルドをかねてから「オフィスでの第2の妻」にしているとの噂が広まっていた――ジェニファーは主人に従って中国へも、CIAへも異動していた。彼女がジョージ・H・W・ブッシュと性的な関係にあったかどうかは正式に立証されていないが、ワシントンのゴシップはいつも正確だった。

バーバラ・ブッシュは裏方の役割を担うことに満足していた。ファーストレディーとしてでさえ、彼女は幸せな家庭的女性の役割を演じたが、夫と息子たちについては野心に満ちていた。

1989年の選挙運動はとくに不愉快なものだった。名門出身の彼は自分も泥沼の喧嘩ができることを見せようとして、ある意味、実際にそうした。対立候補だったマサチューセッツ州知事のマイケル・デュカキスは、あまりにも潔癖すぎて自滅した――彼はブッシュ副大統領の結婚における貞節を選挙の争点にしようとしたスタッフをすぐに解雇した。しかし、ブッシュはそんな手加減はしなかった。レーガンが彼を副大統領候補に選んだのは、おもに彼が中道派の節度を象徴していたからだった。ところが今、彼はみずからを右派と改め、事業規制や中絶、税制問題にのりだした。

もちろん、露骨にではないものの、彼は人種問題にも触れた。公民権運動の成功以来、差別はもはや許されなかった。そこでブッシュは、自分の選挙チームにデュカキスを犯罪に甘いと批判するテレビ広告を出させた。知事はマサチューセッツの刑務所からウィリー・ホートンという男を仮釈放させる計画を承認していた。だが、14年前に殺人容疑で

有罪となった彼は、週末の一時帰宅を許可され、そのまま戻らなかった。彼はさらに武装強盗と強姦を犯した。その写真から、彼が黒人であることは明らかだった。

そのテレビ広告は600回以上も放送され、約8000万人の視聴者の目に触れた。その目的はウィリー・ホートンをデュカキスの副大統領候補にさせることだと、ブッシュの選挙参謀リー・アトウォーターは豪語した。その広告がアフリカ系アメリカ人団体を示唆していたことは間違いない。ただ、ブッシュ自身はそれに罪悪感を覚えるだけの慎みはもっていたらしい。ブッシュの選挙戦は、ジョン・F・ケネディを自身になぞらえて一蹴されたダン・クウェールを副大統領候補に選んだことで狂ったが、それでも結果として、彼は快勝した。

一方、ブッシュの1992年の再選運動は、1988年のときの大々的な公約に悩まされた――「いうまでもなく、新たな増税はしない！」。彼はこれを１期目の途中で破らざるをえなかった。経済は悪化し、ソ連の脅威がなくなったことで、防衛力重視という共和党の強みも失われてしまった。皮肉なことに、レーガン＝ブッシュ政権がこの結末をもたらしたとすれば、それはブッシュから明確な政治的目的を奪い、さらにはアメリカ国民から彼を選ぶための明確な動機を奪うことになった。

ウィリアム・Ｊ・クリントン（在任1993-2001年）

1971年、ビル・クリントンと出会ったヒラリー・ロダムは、ふさわしい結婚相手を見つけたと思った。２人は当時、イェール大学の法学生だった。立派な容姿と気さくな魅力に加え、ビルは聡明な理想家だった（必ずしもそれが本人をもっとも反映しているとは限らないが）。生い立ちに恵まれなかった彼は、大衆の感情を見抜く力、そして熱烈な出世欲をもっていた。暴力的な家庭で育ったことで、彼は精神的ダメージを受けながらも、なんとか生き延びるための重要な能力を身につけていた。彼は人種隔離制度が残る南部で育ったが、公民権のメッセージを真摯に受けとめていたようだ。アフリカ系アメリカ人ともごく自然に付き合った。徴兵忌避疑惑をめぐる長々とした弁明は、この男の特質となった「言い逃れの才能」の片鱗を示していたのかもしれない。彼は後年、オックスフォード留学中にマリファナを吸ったが「吸い込んではいない」と述べ、モニカ・ルインスキーとも「性的な関係はなかった」と真面目に主張した。しかし、当時のような刺激的な時代には、そうした事柄は問題にされなかった。また、男女同権思想がまだ性の解放に追いついていなかったため、彼の女遊びもとくに注目されなかった（ヒラリーだけは激怒したが、彼女はそれでも前進し、1975年に彼と結婚した）。

公正な立場でいうなら、性行動に変化をもたらしたという「カウンターカルチャー」の重要性は、大統領の歴史を見れば、明らかに誇張である。JFKやリンドン・ジョンソン以上に女性たちを無鉄砲に、あるいは無慈悲に利用したヒッピーを見つけるのは難しいだろう。たとえビル・クリントンがセクシャル・ハラスメントで訴えられた初めての大統領という怪しげな名誉をもっているとしても、それはそれ以前の時代にはまだ適切な法律が整

っていなかったからにすぎない。だが、あらゆる理由――未曾有の繁栄やピルの登場、時代遅れな男女の役割の否定など――から、「ベビーブーム世代」がおおいに性を楽しんだことは確かである。

ビルの徴兵逃れ

アメリカの中流階級の若者たちは、大学や大学院への進学を理由に、ベトナムへの召集をほぼ集団的に逃れたといわれることがある。これは言葉の勢いとしては問題ないが、明らかに事実を誇張している。彼らの多くは本意であれ不本意であれ、軍隊に入ったのであり、公然と徴兵を拒否したのはごく一部だった。

彼の世代の多くがそうだったように、ビル・クリントンもベトナム戦争に反対し、アメリカやイギリスで反戦デモを率いた。ジョージタウン在学中の1967年には、同じく反戦を訴えるアーカンソー州の上院議員Ｊ・ウィリアム・フルブライトのもとで実務研修を受けた。しかし、彼はけっして兵役を露骨に拒否したわけではなかった。学生ということで徴兵を免除されたが、彼の立場は大学の課程が終了したときに変化した。次の学期を彼はほとんどイギリスのオックスフォード大学で過ごした。彼は名誉あるローズ奨学金を獲得し、同大学へ留学したのだった。「僕は人生ではじめて何かから逃げようとしている」と、彼は友人に手紙を書いた。

1969年、彼はアーカンソー大学の予備役将校訓練部隊に志願し、入隊を認められた。

左：同じ賛美歌の本を見て歌うビル・クリントンとヒラリー。まだ無邪気な時代にあった２人は、その後の騒動や論争のことなど知るよしもない。だが、彼らの絆はけっしてゆるがなかった。

その後、ひどく長くて慎重に言葉を選んだと思われる手紙の中で、彼は同訓練部隊の新兵募集係だったユージン・ホームズ大佐に、「徴兵をまぬがれさせてくれたこと」を感謝し、自分が良心からベトナム戦争に反対していることを説明した。にもかかわらず、彼は「それによって政治家になるための生存力が維持できるなら」、自分はけっして拒否しないと言った。彼は早くもこの段階で、公職をめざすという選択肢を残しておくこと（それが最大の動機だったのは間違いない）を決めていた。

その後、ユージン・ホームズ大佐が公表された手紙の中で証言したところによれば、徴兵委員会は、クリントンを予備役将校訓練部隊に入れるようにフルブライトの事務所から「圧力」を受けていたらしい。クリントンの手紙が示唆しているように、大佐はその志願者が反戦運動を行なっていた事実を知らなかったことにした。もしこのことを知っていたら、彼はクリントンの入隊を認めなかったはずだからだ。

いずれにせよ、クリントンはアーカンソー大学のロースクールの講座には一度も出席しなかった。その代わりに、彼はオックスフォードへ行き、さらにイェールへ進むことを選んだ。そして当然ながら、予備役将校訓練部隊の兵役にも就かなかった。結果として、ホームズはそれが彼の意思ではなかったと判断した。その未来の大統領は時間稼ぎをしていたに違いなかった。アーカンソーの予備役将校訓練部隊へ正式に入隊することは、彼が徴兵委員会から徴兵猶予を受けるのに十分なものだった。結局、1969年12月初めに徴兵の抽選が行なわれたとき、クリントンの名前は

順番リストのかなり下方にあったため、事実上、彼は兵役をまぬがれた。

空威張り

1980年代の大部分をとおして、西側世界の政治は２人の偉大な右翼によって支配されていた。ロナルド・レーガンとマーガレット・サッチャーはともに友人であり、急進主義の同志だった。彼らの人気はその政敵にとって大きな脅威だった。個人の自由や自己責任、法と秩序についての彼らの雄弁術は、肉体労働者や下位中流階級の心さえとらえた。左派政党は、自分たちが尊重すべき多数派の味方であり、一部の「進歩主義の聖牛」を殺す覚悟もあることをどうにかして明確にする必要があった。イギリスのトニー・ブレア首相はサッチャーが労働組合に対して講じた措置を支持することでそうしたが、ビル・クリントンは頭の弱い黒人を死に追いやることでそうした。

イメージ——と見栄え——の点で完璧な政治家だったビル・クリントンは、いかにも有力な合衆国大統領らしく見えた。しかし、彼の政権は終始「人格の問題」につきまとわれた。

民主党は共和党のジョージ・H・W・ブッシュとの選挙戦で、自分たちの候補者が相手のウィリー・ホートンの広告に徹底的にやり込められたという苦い経験があった。ビル・クリントンはその失敗を挽回しようと決意した。アーカンソー州知事だった彼は、リッキー・レイ・レクターに関するファイルが机にあるのを見たとき、その決意を果たす機会を得た。レクターが凶悪犯であることは間違いなかった。ナイトクラブで男性を殺したレクターは、駆けつけたロバート・マーティンという警官に自首すると言った後、背を向けた彼を無情にも射殺した。

レクターはそこで自殺を試みたが、頭部の

左：若きビル・クリントンが崇拝するジョン・F・ケネディと直接会った運命の瞬間。クリントンはケネディを政治的理念においてばかりか、性的行為においても手本とすることになった。

ビル・クリントンの経歴には、彼がなんらかの関係をもった複数の女性たちのみだらな痕跡が残された。ジェニファー・フラワーズの暴露話は彼の1992年の大統領選をゆるがした。

右：結婚生活に浮き沈みはあったかもしれないが、2人の政治的パートナーシップはつねに確固たるものだった。退任後、ビル・クリントンはヒラリーのさらなる野心に忠実に尽くしている。

前頭葉を撃ち抜いただけで、結果として幼児レベルの知的障害を負った。一方、クリントンはこれを自分が犯罪に厳しいことを明確にするチャンスと見て、選挙戦を中断し、アーカンソーに戻って彼の処刑を命じた。1992年1月24日、レクターは死刑執行室に連行され、致死注射を打たれた。その後の話によれば、彼は最後の食事でデザートを残し、戻ってから食べるつもりだと言ったという。

つきまとうスキャンダル

1999年、夫のことを「玄関先につないでおくべき攻撃用の番犬」と表現したのはヒラリー自身だった。これは彼女が意味したよりもずっと示唆に富むイメージを与えた。軽い冗談ではあったが、その言葉にはファーストレディーのうんざりしたような諦めとともに、深い軽蔑のようなものが感じられた。たとえモラルの点では意味があったにせよ、それは自由世界のリーダーを大人として扱うことの無意味さを認めるものだった。

そもそも政治家は巧みな説得者でなければならないが、それは誘惑者の一歩手前であるともいえる。ビル・クリントンには周囲の人びとを引きつける非凡な才

1999年、夫のことを「玄関先につないでおくべき攻撃用の番犬」と表現したのはヒラリー自身だった。これは彼女が意味したよりもずっと示唆に富むイメージを与えた。

ホワイトウォーター疑惑の糊塗《こと》？

ビル・クリントンのさまざまな性的不祥事はタブロイド紙をおおいににぎわせたが、評論家たちはそれよりずっと深刻な背任行為が正当な注目を集めていないことにいらだっていた。彼らにとってより重要だったのは、ビルとモニカがホワイトハウスのリンカーン・ベッドルームでセックスしたという疑いではなく、大統領の個人的な許可により、この歴史的な寝室が総額520万ドルで選挙資金の献金者に貸し出されたという事実だった。ヒラリーが牛の先物取引で大きく成功し、1000ドルの投資がその100倍の利益を生んだことについても、問題にはなったが、ほとんど追及されなかった。大統領夫妻は、2人で投資していたリトルロックの不動産会社ホワイトウォーター開発が破綻した後、証人として召喚された。ヒラリーは弁護士として不正取引を手助けしたとされ、彼女は詐欺容疑で取り調べを受けた最初のファーストレディーとなった。結局、検察側は容疑を立証できなかったが、もし関連時期の請求書の控えがほとんど紛失したとの報告がなかったら、彼女の潔白はより明確になったかもしれない。

ホワイトウォーターの疑惑はますます広がるばかりだったが、それに不可解な死が加わりはじめると、事件はケネディ暗殺と同じような陰謀論を生み出した。1993年、ホワイトハウス法律顧問のヴィンス・フォスターが銃創のある遺体で発見された。公式見解では自殺とされたが、これに疑問をもつ者たちもいた。1998年には、ホワイトウォーターの設立者でクリントンの友人だったジム・マクドゥーガルが、主治医の手違いの後に獄死した。さらに、商務長官のロン・ブラウン、資金調達担当のC・ヴィクター・レーザー2世とハーシェル・フライデーが、それぞれ何千マイルも離れた場所での飛行機墜落事故で命を失った。これらの犠牲者やそれに関連すると思われる他の死亡事件についての公式捜査では、何も不審な点は見つからなかったが、一部の者の間では疑惑はけっして消えていない。

ヴィンス・フォスターは、クリントンの側近や支持者として不可解な死を遂げた者の1人だった。陰謀論者たちはこうした悲劇の関連性を明らかにしようと懸命だが、今のところ、成果は得られていない。

能、そして、そうせずにはいられない強い衝動があった。心理学的にいえば、それは子どもの頃からずっと愛情や包容力に飢えていたという自我の弱さによるものなのかもしれない。学生時代、彼がいとも簡単に厳格なフルブライト上院議員の弟子となり、いとも巧みにアーカンソーの新兵募集係だったホームズ大佐に取り入り、結果としてその期待に背いたことは、クリントンが並の日和見主義者ではないことを示していた。

ただ、彼の誘惑願望がもっとも見事に、そしてもっとも不利益な形で示されたのは、女性関係においてだった。実際、最初の大統領選はジェニファー・フラワーズの暴露話によって大きく狂わされた。彼女は当時、アーカンソー州知事だった彼と12年間にわたって不倫関係にあったと主張した。民主党はすぐさま、それはその元ペントハウス誌のモデル（後日、同誌に自分の話を売った）の明らかな売名行為だと反論した。たしかに、彼女の話は細かい部分がひどく怪しげだった。とはいえ、それは大統領候補を窮地に追いやるには十分だった。実際、彼が疑われるのは当然で、ゴシップをさんざん聞かされてきた人びとは「火のないところに煙は立たない」と考えた。結局、クリントンは1998年にその情事の一部を認めた。

皮肉なことに（とはいえ例によって）、彼がジェニファー・フラワーズとの性的関係を認めたのは、1993年にホワイトハウス事務局で働いていたキャスリーン・ウィリーという別の女性にキスや愛撫を迫ったことを「断固として」否定したのと同じ宣誓証言においてだった。さらに、これはポーラ・ジョーンズというまた別の女性の主張を裏づけるためにもち出された。彼女はリトルロックの知事公邸で働いていた当時、クリントンに性的な誘いを受けたと主張した。この訴訟が最初に起こされたのは1994年で、一連の公判が進められるなか、ジョーンズの弁護団はその論拠を強化していった。彼らの目的は合衆国大統領が女性たちにセクハラ行為を繰り返しているという証拠を積み重ねることで、その仕事ぶりはなかなかだったと言える。

モニカの場合

クリントンがモニカ・ルインスキーとの「浮気」を最初に断固否定したのは、ポーラ・ジョーンズの訴訟の最中だった。真偽のほどはわからないが、その22歳のホワイトハウス実習生も彼の主張を否定した。ビルとモニカはどちらも言葉の選び方にこだわった。（数週間後、質問がそれまで以上に核心に迫ってくると、大統領は「is」の正確な意味について疑問を呈した）。一方、彼女に秘密を打ち明けられた同僚のリンダ・トリップは、その告白をテープに録音するだけの冷静さ（もしそういえるとすれば）をもっており、すでに他のセクハラ容疑で大統領を捜査していた独立検察官のケニス・スターにそれを密告した。

大統領はルインスキーとの「性的関係」を激しく否定し、ヒラリーも律儀にこれを右派の陰謀だと非難したが、結局、嘘が発覚し、彼は法廷侮辱罪に問われた。

この写真でモニカ・ルインスキーを友人のように強く抱擁するビル・クリントンは、彼女とじつは親密な関係にあったことをまったく感じさせない。だが、この直後、葉巻や精液痕についての大論争が始まった。

偽証罪に直面したルインスキーは、刑事免責と引き換えにすべてを白状すると申し出た。リンダ・トリップは彼女にクリントンからの贈り物を保管しておくように、そして精液の付着したドレスをドライクリーニングに出さないように促し、それが大統領との訴訟を決定的なものにした。ルインスキーはごく平然と、あるときクリントンに性器へ葉巻を挿入されたと証言し、数えきれないほどの卑猥な冗談を呼んだ。大統領はルインスキーとの「性的関係」を激しく否定し、ヒラリーも律儀にこれを右派の陰謀だと非難したが、結局、嘘が発覚し、彼は法廷侮辱罪に問われた。

弾劾と無罪

ビル・クリントンに対する弾劾手続きでめだったのは、大統領の責任を問い、そうすることで正義と公平さを確保するはずの制度がまったく機能しなかったことだ。アンドルー・ジョンソンのときと同じく、ビル・クリントンへの弾劾手続きはたちまち見苦しい茶番となり、そこでは正義心よりも政治的党派心が勝った。共和党の怒りにまかせた弾劾は、民主党の忠誠心に妨げられ、その結果はどちらの側にも不満が残るものとなった。

クリントンの容疑の卑猥さは、彼に対する訴訟にもいくらか伝染した。長年、リトルロックとワシントンは大統領の政治的取引や金銭取引についての噂に満ちていたが、彼は今、付着した精液について召喚されていた。実際、大統領をもっとも厳しく批判していた元下院議長のニュート・ギングリッチが、弾劾手続きの最中に自身も浮気をしていたことが明らかになると、その手続きの倫理的信頼性は完全に失われた。

ジョージ・W・ブッシュ（在任2001－2008年）

ジョージ・ウォーカー・ブッシュの子ども時代を決定づけた出来事は、1953年、彼が６歳のとき、わずか３歳だった妹のロビンが白血病で亡くなったことだといわれている。娘を失った母親のバーバラは、そのショックから子どもたちに過保護になり、長男に対してはとくにひどかった。結果として、彼は大人になっても自分では何もできず、ずっと父親のコネや人脈を頼ってきたとされている。ただ、この「無能さ」（もしそれが本当にそうなら）は、彼の家庭における父親の圧倒的な影響力のせいでもあったようだ。ジョージ・H・Wは歴代大統領の中ではあまりめだたない存在かもしれないが、その社会環境において彼は巨人のようだった。ジョージ・Wの学友たちの記憶によれば、同級生らが親を馬鹿にしたり、反抗したりする一方で、彼は父親をまるで神のように尊敬していたという。

彼が個人的に「甘やかされて育った」という主張は、当時の彼を知る多くの人びとによって否定されているが、彼が非常に特権的な環境で育ったことは明らかだ。ただ、その有利な立場に見合うためには大変な努力が必要だった。彼にとって、アメリカ屈指の名門進学校アンドーヴァーは厳しいものであり、イェール大に入れたのもその立派な学業成績のせいではなく、父親がその大学の卒業生であるという「七光」的な立場のせいだった。（ジョージ・Wはしばしば「愚鈍」といわれるが、それは誇張のようだ――大学時代の友人たちによれば、彼は学業成績こそ良くなかったが、機転が利き、他人の気持ちに敏感だったという。また、多くの有名な「ブッシュ語」を生み出した失言や言い間違いは、明らかに有能だった彼の父親のスピーチにおいても顕著だった）。

おそらく、それは自分が父親の厳しい基準を満たしていないという自覚によるものか、あるいは母親との関係において身につけた愛嬌によるものだろう。その要因が何であれ、ジョージ・Wは自分の能力についても、社会的階級についても、人びとが想像するほど傲慢ではなかった。実際、「アファーマティ《少数民族》ヴ・アクション《優遇措置》」について冗談を言いながらも、ジョージ・Wは大学では悩める少数派だった――彼は親の七光で入学し、有名学生の間でも及第生にすぎず、構内で過激な学生運動が流行しているときも従順な保守派を通した。父親が所属していた当時のスカル・アンド・ボーンズは、エリート中のエリートしか入れない排他的な秘密組織だったが、ジョージ・Wの頃には堅苦しく、孤立した者たちの聖域だった。ただ、本人はそれほど気にしていなかったようだ。彼には非常にひかえめなところがあり、批判家たちは冷笑するかもしれないが、とにかく出しゃばらないというの

が当時の彼の姿勢だったのは事実である。元僚友でジョージ・Ｗの政敵を自認するラニー・デーヴィスは、「彼の父親が誰で、彼がどんな一族の出身かは、言われなければ誰にもわからなかっただろう」と当時をふり返っている。

もちろん、謙虚で他人をほっとさせる性質は良い性質だが、それは非常に有益な性質でもある。ジョージ・Ｗは生まれてからずっと過小評価されてきたが、そのことは彼の１つの強みでもあった。立派な経歴と野心にもかかわらず、彼には貴族的な雰囲気を少しも感じさせないという偉大な才能があった。イェール大生の中でもとびきりの特権階級者である彼が、ごく自然に「お人よし」と受け取られることは、彼の敵をひどくいらだたせた。

アメリカにとって事態が悪化するにつれ、ジョージ・Ｗ・ブッシュの過保護な生い立ちはますます不利に働いた。有権者はこのお坊ちゃま育ちの大統領が自分たちの境遇にどれだけ共感できるだろうかと自問した。

「志願しない」

1968年にイェールを卒業したジョージ・Ｗ・ブッシュは、少なくとも形式的には徴兵される資格があった。ビル・クリントンと違って、彼はその愛国的義務を果たすことに誇りを感じたが、戦闘地域付近に送られる危険はなかった。州兵がベトナムへ行かされることはないというのが政府レベルの総意だったが、突然、騒ぎが生じた。当時のテキサス州副知事ベン・バーンズの証言によれば、彼はジョージ・Ｈ・Ｗとの共通の友人に頼まれて、何本か電話をかけ、若きジョージをテキサス州空軍の500人の待機者リストの筆頭に引き上げさせたという。同空軍でジョージ・Ｗとともに兵役を務めていたのは、他の上流階級

左：ジョージ・Ｗ・ブッシュはたしかに特権階級に生まれたが、彼には相手の敵意を和らげ、疑い深い有権者をも納得させるような謙虚でひかえめなところがあった。

の子息たちだった。そのため、それは「シャンパン部隊」として知られた。入隊の際、彼らはベトナムでの軍務に志願することを勧められた（強制はされなかった）が、ジョージ・Wは「志願しない」の欄にチェックを入れた。

２年後、彼は――少なくとも形式的には――アラバマ基地へ転任させられたが、健康診断も受けず、訓練にも出なかった。彼はアラバマで政治活動に取り組むと少佐に言った。名目上、アラバマ基地の配属となったものの、彼が軍事であれ政治関係であれ、実際にそこで何か任務を果たしたという証拠はないようだ。ジャーナリストのダン・ラザーによれば、ヒューストンに住んでいたジョージ・Wの父の旧友ジミーとリンダのアリソン夫妻は、かわりに息子の面倒を見てほしいと頼まれたという。その「州兵はヒューストンで問題ばかり起こしていたようで、（中略）州兵軍が彼の人生に何かしら影響しているとは思えなかった」とリンダは述べた。

麻薬とアルコール

ジョージ・Wの場合、その「問題ばかり」が正確に何を意味するかが大統領在任中に激しい議論となった。ブッシュ家の歴史学者（でジョージ・H・Wの元特別顧問）だったバーナード・ルイスは、もっともその真相に近づいた。ジョージ・W・ブッシュは2000年の大統領選に出馬する意思を固めるまでの数週間、彼から一連の取材を受けた。これはジョージ・Wの承諾なしに録音され、後にリークされた。その未来の大統領はマリファナの使用についての質問には答えないとしながらも、「理由はどこかの子どもに自分が試したことをしてほしくないからだ」と話すのを聞かれてしまった。彼は大統領として良き手本を示したいと言った。コカインの使用についても、やはり否定はしないが、質問は拒絶した――ジョージ・Wはこうした告発に対応するのも汚らわしいと思っていた。彼はそうした「卑劣な」ゴシップ商売に誰かが抵抗するべきだと考えた。もちろん、明確な否定は危険であり、「向こう」には証人がたくさんいる可能性もあった。実際、イェール在学中以降のコカイン使用の疑いは、テキサス州知事として麻薬に強硬路線をとろうとした彼にずっとつきまとった。当然ながら、それは今なお消えていない。

一方、アルコールはジョージ・Wの人生にさらに大きな影響を与えた。酔って悪ふざけをするというのが彼の学生生活の特徴だったが、1966年にホテルの玄関からクリスマス・リースを盗んだ罪で逮捕されたことは、大統領のスキャンダルとしては軽すぎる。より深刻だったのは、その10年後に飲酒運転で有罪判決を受けたことだった。息子のふるまいに父が頭を悩ませていたことは、1972年に２人の不仲が広く報じられたことからも明らかだ。（また、それは偉大な父の存在が自分にとっていかに重荷であるかに対する彼の怒りとも関係があったかもしれない）。実際、ジョージ・Wが車でゴミ箱に乗り上げ、弟マーヴィンの命を危険にさらした飲酒運転事故の後、父は息子を叱りつけ、息子はその父に直接対決を挑んだ。

ジョージ・Wは「アルコール中毒」だったことをけっして認めなかったが、1986年に断酒を宣言した。彼のその決意が福音派伝道師のビリー・グラハムにどれほど影響されたものなのかは、情報源によってさまざまだ。とくに2002年の「プレッツェル事件」の後、大統領の悪癖が再発したとする主張がときどきあった。ブッシュはテレビでフットボールの試合を見ながら、一時的に意識を失い、ソファーから落ちて頭に怪我をした。表向きの説明では、２、３日前から「体調不良」だった彼がプレッツェルを喉に詰まらせたということだったが、例によって、それを疑う者たちもいた。ただ、たとえこの主張が事実だとしても、大統領の人生が酒に支配されていたとまでは言いがたかった。

政権を奪った詐欺師？

ジョージ・W・ブッシュの大統領職は最初から議論を呼んだ。政敵によれば、ブッシュ陣営は選挙を「盗んだ」。全国的に見て、民主党候補のアル・ゴアは彼より50万票以上も多く獲得していたが、とくにフロリダでは不正行為疑惑がいくつもあった。結果として、そこでの接戦はわずか537票差でブッシュが制した。何百という票が不適格とされたのは、投票用紙が完全にパンチされず、用紙に穿孔くずが残っていたためだった。批判家たちは、ブッシュが副大統領のディック・チェーニーをはじめ、父親の旧友たちを頼りにしたことも指摘した。ジョージ・Wはかつてイェールに入るときもそうだったように、ホワイトハウスに入るときも「親の七光」を利用したわけだ。

ジョージ・W・ブッシュのアルコール問題は明らかだった。彼は1986年に断酒を宣言したが、大統領在任中にふたたび酒に手を出したという噂が根強くあった。

そんなブッシュ政権の１期目を支配することになったのは、2001年９月11日の同時多発テロ事件だった。彼の対応はその政権を「確立した」一方、危うく破壊しかけた。事件の一報が入ったとき、フロリダの小学校で子どもたちに『ペット・ゴート』という物語を読み聞かせていた彼は、数分間、それをそのまま読み続けた。「優柔不断」と敵は言い、「火事でも冷静」と味方は言った。反応は党の路線によって大きく分かれた。同じことがその後の「テロへの戦い」、そしてイラクへの侵攻を決めた彼の宣言にもいえた。アメリカの元盟友サダム・フセインとアル・カイダによる９・11の攻撃にはつながりがあることが強く疑われたが、この（本質的に信じがたい）関連性を示す物的証拠はなかった。同じくイラク制圧後、ブッシュとその支持者が主張したフセインの大量破壊兵器の配備を示す形跡もなかった。さらに深刻だったのは、国内での愛国者法や、国外での移送後の拷問疑惑によって、自由の理念が兵器研究と同じようにゆらぎはじめたことだった。

右：2000年の大統領選でフロリダの開票が終わった後、アメリカ国民は集計過程の専門的な問題を嫌というほど学ばされた。今でも民主党はこの選挙が「盗まれた」と信じている。

英雄と悪役

民主党は2004年の大統領選の候補者に大きな期待をよせていた。彼らにとってジョン・ケリーは秘密兵器のようなものだった。その武勇から勲章を授与されたベトナム帰還

この父にしてこの娘たちあり？

ジョージ・W・ブッシュの娘バーバラとジェンナは、2001年、にせの身分証明書を使って未成年でアルコールを入手したとして問題を起こした。父親と同様、２人はどちらもパーティーで大騒ぎすることが知られていた。この双子がマリファナを吸った（2003年の事件では、俳優のアシュトン・カッチャーが一緒だった）という報道は、結局、立証されなかった。それ以来、彼女たちは改心したのか、単に少し分別がついたのか、ほとんどスキャンダルに巻き込まれなくなった。

ジェンナ・ブッシュは2001年４月、未成年でアルコールを所持しているところを捕まり、テキサス当局の世話になった。双子の姉妹バーバラもそのわずか数週間後に同じ容疑で逮捕された。

兵の彼は、右派からしばしば「平和運動屋」と揶揄される同党にとって、勇ましさをアピールするための格好の人物に思えた。大統領がテキサスの州空軍で（気が向いたときだけ）兵役に就きながら、国内でその戦争が終わるのを待っていたのに対し、ケリーは母国のために戦地で命を危険にさらしていたのである。これは９・11の同時多発テロ事件の直後、ジョージ・W・ブッシュが優柔不断だったことを考えると注目に値した。さらに、大統領は当時、米軍空母エーブラハム・リンカーン号の艦上で早くも「任務完了」のスピーチを行なっていた――言うまでもなく、イラクでのアメリカの任務は実際にはけっして完了していなかった。つまり、あれこれ考え合わせると、ブッシュは軍事に関してまるで能なしのように見えた。ジョン・ケリーはこの点で彼と対決し、勝てる可能性があった。

だが、事はそううまくは行かなかった。それどころか、高速哨戒艇の艇長だったケリーが銀星章を授与された「勇気ある行動」をめぐって、不自然な「論争」が巻き起こった。彼の元乗組員仲間はいずれもそれを英雄的行為と認めていたが、ブッシュ陣営と関係のあった退役軍人団体は、ケリーの信用を落とさせるような広告を打ち出した。結果として、人びと――少なくともブッシュが優勢になるだけの人びと――がそれを信じた。

イスラム教徒の捕虜たちはアフガニスタンなどで捕らえられた後、何年もグアンタナモ湾収容所に拘束された。そこでは拷問疑惑が飛びかい、ほとんどの被収容者が裁判にかけられるどころか、一貫した容疑で起訴されることさえなかった。

2008年の記者会見で、イラク人ジャーナリストのムンタゼル・アル＝ザイディが立ち上がり、ジョージ・W・ブッシュに靴を投げつけた事件は、その困惑する大統領をアラブ世界の多くの人びとが軽蔑していることを象徴していた。

後退する評判

2005年、破壊的な威力をもつハリケーン・カトリーナがニューオーリンズを襲ったとき、アメリカ政府の対応は迅速さと一貫性に欠けていた。大統領は情けないほど指導力を示せなかったといわれた。事態をさらに悪化させたのは、被災者の多くが貧乏人と黒人だったことだ。共和党は貧困層に冷たく、人種差別に寛大なのではないかという以前からの疑念が大きく取り上げられた。しかし、批評家たちがブッシュ政権の「道徳の破綻」を激しく非難する一方で、その失敗を政治的に決定づけたのは現実問題としての財政破綻だった。カトリーナの失策ですでに批判を浴びていた大統領は、その２年後、アメリカが金融危機によって深刻な不況に陥ったとき、窮地に追い込まれた。大統領は２つの面でそうなった――経済の安定を取り戻そうとした彼の試みはいずれも手遅れで不十分と見なされたうえ、彼はニューオーリンズの貧乏人より、中流階級の投資家（そしてなお悪いことに、裕福な銀行家）の方がずっと心配なようだという怒りをかった。

ブッシュの共和党はどうにもならない立場に置かれた。ジョン・マケインはそれでも果敢に選挙戦を戦い、アラスカ州の女性知事サラ・ペーリンを副大統領候補に抜擢して、右派の支持を呼び戻した。しかし、華やかな注目を浴びた彼女も、史上初のアフリカ系アメリカ人大統領を誕生させようとする楽観主義と理想主義の波には勝てなかった。バラク・オバマがよせられた期待にどれだけ応えられるか、大統領としての役をどれだけうまく演じられるかは、まだ答えの出ない問題だった。

忠実な弟

ジョン・「ジェブ」・ブッシュは、何から何まで兄とは正反対のようだった。彼はテキサス大学（専攻はラテンアメリカ研究）を優秀な成績で卒業した。「抑圧された感情の表出行動」もメキシコ人女性との結婚にとどめた——フロリダの政治家にしては立派だった——彼は、誠実さと鋭い直感をもって父の後に続いた。1998年、彼は2度目の挑戦でフロリダ州知事の座を手に入れた。

フロリダは2000年の「盗まれた」選挙における重要な州の1つだったが、不法行為についてどれだけジェブの責任を問えるかは議論の余地がある。フロリダでは、票の不正操作疑惑とは別に、各都市に警察の検問所が置かれ、（民主党支持派と推測される）黒人有権者を脅して投票を妨害したともいわれた。だが、こうした主張は立証されなかった——それにジェブは同州で唯一有力な共和党員というわけではなかった。彼がブッシュ陣営を支持することは予想されたことだった。結局、彼もブッシュ家の人間であり、その大統領候補は彼の兄であり、共和党の仲間だったからだ。

2006年、ジョージ・H・Wがタラハシーの会議で演説中に泣きくずれたのは、ジェブが1994年のフロリダ州知事選で（彼によれば不当に）落選したとき、その逆境で示した勇気を思い出してのことだった——「息子は愚痴も泣き言も言わなかった」。ジョージ・Wの政敵はすぐさま、この父親が当時、大統領の座にあった長男との性格の違いを示唆したと考えたが、実際のところ、これは明らかではない。

もしかしたら大統領になったかもしれない（し、これからなるかもしれない?）「ジェブ」・ブッシュ（右）は、兄よりも明らかに有望だった。ジョージ・H・W・ブッシュは彼を自分の真の後継者と見なしていたのではないかといわれている。

訳者あとがき

本書は、2011年に刊行された*American Presidents: A Dark History*の翻訳である。著者のマイケル・ケリガンは、イギリススコットランド在住の歴史学者で、世界の古代史から現代史までじつに幅広いテーマの執筆活動を行なっている。本書と同じダークヒストリー・シリーズの『図説ローマ皇帝史』や『図説拷問と刑具の歴史』(以上、原書房)、『世界の碑文』(東洋書林)といった邦訳からもわかるように、彼は特定の国や時代、専門分野にとらわれず、自由な視点で歴史を振り返り、ときにはその暗部・恥部を鋭く暴き出すという異色の歴史家である。そんなケリガンの新たなテーマが「アメリカ大統領」のダークヒストリーであり、本書には初代ジョージ・ワシントンから第43代ジョージ・W・ブッシュまで、歴代大統領の知られざるスキャンダルの数々が豊富なカラー図版とともに紹介されている。

そもそも、アメリカは超大国とはいえ歴史の浅い国である。つまり、それだけすさまじいスピードで発展を続け、激動のうちに自由世界の比類なきリーダーとなったわけだ。もちろん、世界のどの国にも歴史があり、指導者がいるものだが、アメリカの指導者はきわめて特別な存在だ。アメリカの大統領ほど、世界中の人びとの関心を集める役職はほかにない。その絶大な権力と影響力は、ほかのいずれの国の指導者とも比べものにならず、ましてや指導者が目まぐるしく変わる日本では、もはや国民があきれはて、ため息をつくばかりだ。これに対して、アメリカの大統領はつねに人びとの大きな期待と希望をになって選ばれる。それはいうまでもなく、アメリカ大統領には国を変え、世界を変えるだけのとてつもないパワーがあるからだ。

一方、本書の冒頭にもあるように、アメリカ大統領は2つの顔をもっている。1つは組織の象徴としての顔、もう1つは普通の人間としての顔である。著者のケリガンによれば、アメリカ大統領は国の最高司令官として非凡な人物であると同時に、ビールや野球を好み、家族を大切にする平凡な市民であることを要求される。しかし、大統領である以上、平凡な市民としてでさえ、普通の人間のような弱さや失敗は許されない。ここに矛盾が生じるわけだ。そのため、この矛盾を巧みにごまかし、隠すことがアメリカ大統領のもっとも重要な仕事となった。実際、メディアが今ほど発達していなかった時代から、アメリカの大統領は不倫や同性愛、汚職、暗殺、陰謀、隠蔽など、ありとあらゆるスキャンダルを提供してきた(その当時はスキャンダルとして認識されなかったものも含めて)。

たとえば、初代大統領のジョージ・ワシントンはとんでもない浪費家だったうえ、その個人的出費を議会に堂々と請求(しかも水増し)していた。第3代のトマス・ジェファーソンは奴隷の少女との間に何人もの子どもをつくり、第15代のジェームズ・ブキャナンには長年にわたる同性愛のパートナーがいた。さらに、「人民の、人民による、人民のための政治」の名言で知られる第16代のエイブラハム・リンカーンはじつは独裁者で、第17代のアンドルー・ジョンソンは露骨な人種差別主義者だった。また、第29代のウォーレン・ハーディングは手に負えない浮気男で、彼の死は妻による毒殺ともいわれている。第32代のフランクリン・ルーズヴェルトは、ポリオによる身体障害をひた隠し、太平洋戦争では日本の真珠湾攻撃を事前に知っていながら、それをアメリカ参戦の口実に利用したという。第35代のジョン・F・ケネディは無類の女好きながらじつは病弱で、しかも遊説中に公然と頭を撃ちぬかれた。第36代のリンドン・ジョンソンはトンキン湾事件を捏造し、アメリカを泥沼のベトナム戦争へ向かわせた。そして第42代のビル・クリントンは卑猥なセクハラ騒動を起こし、第43代のジョージ・W・ブッシュはアルコール依存症をかかえていた。

ところで、皆さんは『ザ・ホワイトハウス』(The West Wing) というアメリカのドラマ・シリーズをご存知だろうか。タイトルのとおり、これはホワイトハウスを舞台にした政治ドラマで、大統領とそのスタッフを中心にさまざまな事件や人間模様が描かれる。そこには薬物・アルコール依存の問題から女性問題、人種問題、暗殺、陰謀、病気隠しなど、まさに本書と同じようなストーリーが次々と展開される。訳者はこのドラマの大ファンなのだが、正直なところ、本書を翻訳するまでは完全なフィクションだと思っていた。もちろん、ドラマはドラマであって、脚色されているのは確かだが、本書の中でこのドラマにまさるともおとらないスキャンダルと出会うたび、このドラマの題材が過去の実際の歴史にあるのではないかと思いはじめた。少なくとも訳者はそんな印象を受けたし、ときに本書の内容はドラマ以上にスキャンダラスでもあった。

インターネットなどのメディアが普及した現在、スキャンダルを隠すことは容易ではない。ましてアメリカ大統領はその注目度、期待度、影響度において他を圧倒する存在であり、それだけに激しい反発や非難もまぬがれない。本書はそんなアメリカ大統領の歴史を教科書的な観点ではなく、あえてスキャンダルというワイドショー的な観点から見ることで、私たちに一味違った歴史の楽しみ方を教えてくれる。読者の皆さんにはぜひ、歴代のアメリカ大統領たちが必死にごまかし、隠そうとしてきた弱さや卑しさを知り、彼らの人間性を感じていただきたい。たんなる歴史的人物としての遠く硬質なイメージをぬぐったところに、きっとアメリカ大統領のもう1つの顔が見えてくるはずだ。今年はバラク・オバマの再選をかけた大統領選挙が行なわれるが、いったい彼はどんな「ダークヒストリー」を残してくれるのだろうか。

最後に、刊行にあたっては、本書に出会うきっかけをいただき、編集の労をとってくださった株式会社原書房の寿田英洋氏と廣井洋子氏、ならびに株式会社バベルの鈴木由紀子氏に心からお礼を申し上げたい。また、日々の翻訳作業を見守ってくれた夫と両親にも感謝したい。なお、訳出にあたっては可能なかぎりの調査と推敲を重ねたつもりだが、訳者の不勉強による誤りもあろうかと思う。ご教示いただければ幸いである。

2012年1月

高尾菜つこ

図版出典

All images courtesy of **Library of Congress** except for the following

Alamy: 10 (Jon Arnold Images)

Bridgeman Art Library: 33 (Virginia Historical Society), 40下 (Biblioteque Des Arts Decoratifs/Archives Charmet), 41 (Pennsylvania State Capitol), 53 (British Library Board), 62/63 & 72 (Peter Newark's American Pictures)

Corbis: 18/19 (Gallery Collection), 23 (Brooks Kraft), 24 (Catherine Karnow), 26 (Gary L. Rothstein), 27 (Reuters), 73 (Photo Images/Lee Snider), 86, 122, 152 (Science Faction), 158, 186 (National Geographic Society/Edwin L. Wisherd), 192 (PEMC0 - Webster & Stevens Collection, Museum of History & Industry, Seattle), 198, 200, 225 (David Muench), 233, 240 (Sunset Boulevard), 241 (Reuters/Prensa Latina), 249 (DPA/Rauchwetter), 250, 252 & 258 (Wally McNamee), 259 (Sygma/Michael Norcia), 260 (Wally McNamee), 271 (Reuters/Gary Hershorn), 272 (Wally McNamee), 275 (Dallas Morning News/David Woo), 276/277 (Bill Gentle), 279 (Douglas Kirkland), 280 (Christopher J. Morris), 286 (Sygma/Mike Stewart), 288 (CNP/Arnie Sachs), 290 & 291 (Reuters), 292 (Jeffrey Markowitz), 294 (Reuters TV), 296 (Reuters/Larry Downing), 297 (Sygma/Brooks Karaft), 299 (Reuters/Philippe Wojazer), 301 (EPA/Rhona Wise), 306 (EPA/Matthew Cavanaugh)

Corbis/Bettmann: 7, 8, 25, 48, 51, 66, 126, 132, 146, 156, 168, 175, 178, 182/183, 190/191, 196, 201, 205, 207, 208, 210/211, 216–223, 226, 234, 238, 242–246, 251, 253–257, 262/263, 270, 282, 283

Getty Images: 22 (AFP), 30 (Archive Photos), 54 (AFP/John J. Richards), 209 (Time& Life Pictures/Mark Kauffman), 228 (Al Green Archive), 236/237 (Time& Life Pictures/Alfred Eisenstadt), 274 (Dick Halstead), 300 (David McNew), 302/303
Kobal Collection: 52 (Merchant Ivory), 269 (Universal)

Mary Evans Picture Library: 13, 75

Photos.com: 31, 47

Photoshot: 267 (Everett)

Press Association: 239, 304/305

TopFoto: 80下

TopFoto/Granger Collection: 93, 113, 155, 157, 162, 164

U.S. Department of Defense: 21, 117, 202/203, 214

U.S. Navy: 44/45

索引

＊斜体は図版ページをさす。

【ア】

【カ】

【サ】

【タ】

【マ】

【ヤ】

【ラ】

【ワ】

◆著者略歴
マイケル・ケリガン（Michael Kerrigan）
著書に、『偉人たちの眠る場所——著名人の墓所案内』『古代ギリシアと地中海』（BBC古代文明シリーズの一部）『死の歴史』、さらに邦訳として『ダークヒストリー3　図説ローマ皇帝史』（原書房）などがある。コラムや書評のほか、スコッツマン紙やタイムズ文芸付録誌などに特集記事を執筆。スコットランドのエディンバラ在住。

◆訳者略歴
高尾菜つこ（たかお・なつこ）
1973年生まれ。翻訳家。南山大学外国語学部英米科卒業。訳書に『新しい自分をつくる本』『バカをつくる学校』（以上、成甲書房）、『アメリカのイスラエル・パワー』『「帝国アメリカ」の真の支配者は誰か』（以上、三交社）があるほか、ダークヒストリー・シリーズに『図説イギリス王室史』『図説ローマ教皇史』（以上、原書房）がある。

図説《ずせつ》
アメリカ大統領《だいとうりょう》
権力《けんりょく》と欲望《よくぼう》の230年史《ねんし》

●

2012年3月15日　第1刷

著者………マイケル・ケリガン
訳者………高尾菜《たかおな》つこ

装幀………スタジオ・ギブ（川島進）
本文組版・印刷………株式会社ディグ
カバー印刷………株式会社明光社
製本………小高製本工業株式会社

発行者………成瀬雅人
発行所………株式会社原書房
〒160-0022　東京都新宿区新宿1-25-13
電話・代表 03(3354)0685
http://www.harashobo.co.jp
振替・00150-6-151594
ISBN978-4-562-04763-5